# NEVA

**ENGLISH/SPANISH BILINGUAL EDITION**

"*Neva*'s neobrutalist punch demonstrates . . . the enduring power of art."

—*Time Out New York*

This politically charged, haunting and humorous play tells the story of three actors, including Anton Chekhov's widow, who gather to rehearse scenes from *The Cherry Orchard* as Russia faces an impending revolution. A savage examination of the relationship between theater and historical context, *Neva* received its English-language premiere at The Public Theater in New York, directed by the author.

**GUILLERMO CALDERÓN** is Chile's foremost contemporary theater artist. His plays include *Diciembre (December)*, *Clase (Class)*, *Villa*, *Discurso (Speech)*, *Quake* and *Escuela (School)*. His productions have toured extensively through South America and Europe.

**ANDREA THOME**'s plays have been produced throughout the U.S. Her other theatrical translations (Spanish to English) include Rodrigo García's *You Should Have Stayed Home, Morons* (commissioned by Center Theatre Group for Radar LA).

# NEVA

# NEVA

A BILINGUAL EDITION

## GUILLERMO CALDERÓN

*Translated by Andrea Thome*

THEATRE COMMUNICATIONS GROUP
NEW YORK
2016

*Neva* is published by Theatre Communications Group, Inc.,
520 Eighth Avenue, 24th Floor, New York, NY 10018-4156

The publication of *Neva* by Guillermo Calderón, through TCG's Book Program, is made possible in part by the New York State Council on the Arts with the support of Governor Andrew Cuomo and the New York State Legislature.

TCG books are exclusively distributed to the book trade by Consortium Book Sales and Distribution.

LIBRARY OF CONGRESS CATALOGING-IN-PUBLICATION DATA
Calderón, Guillermo, 1971–
Neva : bilingual edition: English/Spanish / Guillermo Calderón ; translated by Andrea Thome.—First edition.
pages cm
ISBN 978-1-55936-471-3 (paperback)
ISBN 978-1-55936-784-4 (ebook)
1. Actors—Drama. 2. Theater—Drama. I. Thome, Andrea, translator. II. Title.
PQ8098.413.A42347    N4813
862'.7—dc23    2015027035

Cover design, book design and composition by Lisa Govan
Cover photo by Julieta Cervantes

First Edition, January 2016

# CONTENTS

# NEVA

*Neva* had its English language premiere at The Public Theater (Oskar Eustis, Artistic Director; Patrick Willingham, Executive Director) in New York on March 11, 2013. It was directed by Guillermo Calderón. The costume design was by Susan Hilferty, the original music was by Tomás González; the fight director was Thomas Schall and the production stage manager was Buzz Cohen.

| | |
|---|---|
| MASHA | Quincy Tyler Bernstine |
| ALEKO | Luke Robertson |
| OLGA KNIPPER | Bianca Amato |

The original production of *Neva* was developed for Chile's Teatro en el Blanco Theater Company (Trinidad González, Paula Zúñiga and Jorge Becker). Original designs were by María Jesús González, Pilar Landerretche and Jorge "Chino" González; the composer was Tomás González. The play premiered in Santiago, Chile, in 2006.

## CHARACTERS

MASHA, actress, thirty-six
ALEKO, actor, thirty
OLGA KNIPPER, actress, Chekhov's widow, thirty-six

*St. Petersburg. One hundred years ago, during the afternoon of January 9, 1905.*

*In the rehearsal room of a theater.*

OLGA

*Oh, my dear, my sweet, my beautiful orchard . . . my life, my youth, my happiness. Goodbye! . . . Goodbye! . . . One last look at the walls, the windows . . . Our poor mother loved to walk in this room . . .* It's not coming out right. This damned monologue is not coming out right. Rasputin is more truthful than I am. And now I'm panicking. I already know what will happen. Opening night will come next Saturday and all the Saint-Petersbourgeois women will come to see me. And the other actresses too, to see me. To see me fall, to see Olga Knipper fall. To see me go off-key and say these beautiful words soullessly. They'll laugh at the wrong parts and crumple their chocolate wrappers. But at the end, when the play is over and they see me smile, grateful and humiliated . . . they'll applaud, smiling through clenched teeth. And they'll wait for me in the hallway by the dressing room door to embrace me, and I, shy, flushed from the heat, with a halo of perfume masking the scent of sweat of which every dramatic actress with any self-respect reeks . . . I will give them thanks. And like a wet puppy I'll ask them, Did you like it? Do you really mean it? You can't imagine how nervous I was. Thank you for being here for such an intimate moment. But you really liked it? If you didn't like it, you would tell me, yes? Won-der-ful Olga! Such depth when you picked up the glass . . . When you looked out the window my heart stopped. Today you acted with your back, Olga Knipper, your back expressed more dramatic subtlety than your very face. And like that, surrounded by false flattery, carrying the weight of my flowers, I will leave the theater through the stage door. And there on the street there will be other, cheaper flowers, frozen, left by other admirers who couldn't withstand the forty degrees below zero of this royal city of St. Petersburg. And I'll get into my carriage, and while *their* carriages drive away along the Nevsky Prospekt until they can no longer see the Neva River, they'll say: Oh! Pa-the-tic Olga Knip-per. Un-fash-ion-able Ger-man Ol-ga Knip-per. We only came to see her because she is the widow of the genius, of him, Anton Pavlovich Chekhov. The writer. The greatest Russian writer since Count Tolstoy. The beloved writer who was born in the village of Taganrog, on the Azov Sea, in Southern Russia, one seventeenth of January of 1860, the third of six children, five boys and one girl, who came from a family of serfs who bought their freedom and who thanks to his own intelligence and effort came to study medicine in Moscow. The writer who bequeathed us countless plays and stories that express our patriotic soul. Anton Pavlovich, who died tragically only six months ago in the jungle, in Germany, in a ridiculous hotel, practically a sanatorium, from a long illness, from tuberculosis, from the weak lungs of a true artist. And those cows will say, with breath like tar and vodka-bloated lips, that I'm a bad actress. That I'm a dilet-tante, that I'm the broken puppet of Nemirovich-Danchenko and Stanislavski. That I'm a hen, a harlot, a hillbilly. Me, the principal actress of the Moscow Art Theatre, where everything is rehearsed, everything is felt, and everything is recalled with brutal emotion. And even worse. They'll say that I was a bad wife. That I let my husband spit up his lungs in his house in Yalta, while I was off playing the women that he wrote. But what good is it for me to understand the soul of Irina's character when she says that she wants to return to Moscow? It's of no use to me. Because even though I know my writer wrote that character from *Three Sisters* to express his longing for me, his actress, his puppy, his little crocodile . . . even though I know he wrote it thinking of me, in his house in Yalta, in his warm Siberia . . . it's no good to me, because I do not feel anymore. I've become coarse. I do not feel. And in order to act, one must feel, and therefore you cannot act, Olga Knipper. And neither this monologue nor this scene is coming out right. And they will tear me to shreds in this city of St. Petersburg, in this French city. And I thought that leaving Moscow for a month to work in the city of the czar and czarina would help me heal my heart, broken by the death of my writer just six months ago. But it has been worse. Everything is so intense in the city of Peter that I cannot even cry anymore. Everything that contains water is frozen, including the men. The palaces shine and steam in the night, and everyone, even the children, acts as if this world were about to end. The most important thing in my life is the theater and acting. And to be myself each time I dress up like someone else. And to despise fame and all those who love me. And to despise other famous people, and to despise myself stuck to the mirror putting on makeup. And to despise myself when I put on a costume and it's too tight on me because I'm fat. And to despise myself when I swallow a chocolate bar between every act, in my dressing room, my mouth full, almost unable to breathe, snorting through my nose, like a hog, like a hen, like a harlot. Because for me this is a punishment, Sergei. It humiliates me when people look at me. That said, I like it when they call me and they say: We'd like you to play this role. It flatters me when they say that I'm perfect for a part. And I don't like to fail. To be loved. That, I like; that is what sometimes makes me a little happy. Why hasn't anyone else come to rehearsal, Sergei?

ALEKO

Don't be sad Olga, we're happy to have you as our invited actress.

OLGA

Thank you.

ALEKO

Olga, I like being an actor. It makes me happy, but I'm ashamed to be happy. And if no one has come to this rehearsal it's because today is a bloody Sunday.

OLGA

What day is today?

ALEKO

The ninth of January 1905, remember that date. On my way to this rehearsal I saw a march of workers that ended in a massacre. I'm scared they may have killed the other actors in this company. I don't know if you know, but it seems there's going to be a revolution in this country. And my name is not Sergei, my name is Aleko.

*(Someone enters.)*

OLGA

Who is it?

MASHA

Masha.

ALEKO

Masha!

MASHA

Aleko!

OLGA

Who's Masha? Masha, act.

MASHA

What?

OLGA

The final part of my monologue.

MASHA

How do the lines go, Olga?

OLGA

*Oh, my dear, my sweet . . .*

MASHA

Oh yes . . . Un, deux, trois . . . *Oh, my dear, my sweet, my beau-tiful orchard . . . my life, my youth, my happiness. Goodbye! . . . Goodbye! . . . One last look at the walls, the windows . . . Our poor mother loved walking in this room . . .* All right.

ALEKO

That sounded soulless.

MASHA

What?

ALEKO

Soulless.

OLGA

The most truthful thing you said was un, deux, trois. Masha, I want to see you act.

MASHA

Again, Olga?

OLGA

No, *act*. Pick something from your repertoire as an actress, that you enjoy doing . . . and act it for us.

MASHA

*Now I understand, Kostya . . . the important thing is to know how to suffer . . .*

*(Olga and Aleko laugh.)*

Should I go on?

OLGA

Yes, go on.

MASHA

*Now I understand Kostya . . . the important thing is to know how to suffer. Learn to bear your cross and to believe . . .*

OLGA

I'm trying to believe, but I'm finding it very difficult . . . Learn to bear your cross . . . that's what I'm telling you, the cross of being a bad actress. Do you have bronchitis? So why do you breathe like that? *(Making fun of her)* Now I understand, now I understand *Kostya.* You sound like an accordion. The audience should cry because of the beauty of the words, not because the actress is contorting herself onstage.

ALEKO

Olga, could I ask you a technical question? When Anton Chekhov died . . . six months ago . . . in your arms . . . delirious . . . from tuberculosis . . . after such a short marriage and having been together for so little time, while you were pursuing your career at the Moscow Art Theatre, and he was waiting for you alone in Yalta . . . vomiting blood . . . lungs. When Anton Chekhov finally died . . . what did you feel?

MASHA

Olga, I hadn't told you but my shoes are too tight on me, maybe that's why I can't breathe very well.

ALEKO

Because whatever you felt, Olga, do you use that when you go onstage, to cry, to act?

OLGA

I don't remember. I don't remember . . . I want to leave . . . Masha, can you hold me? I don't remember! I know that a moth came into the room the night that Anton died, but I don't know if the moth came in before or after Anton stopped breathing. I also know that Anton was smiling before he died, but I don't remember . . . Could you two do me a favor? Could you act out Anton's death for me? It's a favor, Masha—I am asking you for a favor!

ALEKO

Olga, I will play Anton.

OLGA

Thank you Aleko.

MASHA

I can play Chekhov too.

OLGA

Oh yes? *(To Masha)* Let's see, cough. *(To Aleko)* Cough, Aleko.

*(Aleko coughs.)*

Cough, Masha.

*(Masha coughs.)*

*(To Aleko)* You will play Anton.

ALEKO

Thank you, Olga.

OLGA

*(To Masha)* You will play Doctor Schworer. Doctor Schworer is holding Anton very close and he is saying some words in German to him that I cannot hear.

MASHA

Olga, I don't know how to speak German.

OLGA

*(To Aleko)* She is an actress and she doesn't know how to speak German . . . Then how do you think? You will speak German because Doctor Schworer was German. At that moment, Aleko, you tell him *ich sterbe*.

ALEKO

*(To Masha)* I'm dying.

OLGA

Then, Masha, you will inject him with camphor and then you will ask Lev Rabeneck, a Russian student visiting Badenweiler who helped us tremendously that day, to bring you a bottle of champagne. You will drink the glass, you will hand it to me . . . and then he'll die . . . he will die, Masha. Thank you. You are both wonderful people. *(They take their places)* Action!

*(Aleko coughs.)*

MASHA

I am Doctor Schworer.

OLGA

Doctor!

MASHA

*Ich brait sheit und wis if kurt nais kris yaikenshipnein . . .*

*(She speaks in made-up German. Aleko laughs.)*

Olga, I can't keep acting. Aleko is mocking my work.

OLGA

How dare you stop the scene when the scene's just begun? The one who is mocking us is you. Do you take me for a clown? Am I your fool? How can you even think of stopping a scene when the scene's already started? A little respect, please. And not only do you disrespect me, the stage, the theater, you also disrespect your partner who was absolutely concentrated on the scene. And then you stare at me surprised when I tell you that you have no soul. Does it seem soulful to you to stop a scene in the middle, when it already started?

ALEKO

Apologize. Apologize!

MASHA

Olga, I want to apologize for . . .

OLGA

Masha, please. Can you give me my space? I am trying to recover from what just happened. *(Pause)* Action!

*(They return to the scene.)*

MASHA

I am Doctor Schworer.

OLGA

Doctor!

MASHA

Hurry, Lev! Champagne!

ALEKO

*(Drinks champagne)* It's been a while since I drank champagne. *(He starts choking and coughing)*

OLGA

Anton!

ALEKO

Crocodile! *(He dies)*

OLGA

It wasn't like that. No . . . it was not like that.

ALEKO

Olga, maybe it didn't work because of the German part, Masha doesn't speak German.

MASHA

No, Aleko. Olga, according to Lev Rabeneck you were not sitting there, but standing over there.

OLGA

Oh yes? Thank you, Masha, you're wonderful. *(She follows Masha's instructions)*

MASHA

According to Lev Rabeneck a strange sound started coming out of Anton's throat. *(Aleko moans)* Everything was silent, the light of the lamp started to go out. The doctor took Anton's hand and he said nothing, it seemed like Anton was out of danger, that he was getting better. But the doctor let Anton's hand fall, he went to Lev Rabeneck and he said, "Lev. It is over. Herr Chekhov is dead." Lev Rabeneck came close to Olga and said . . .

OLGA

No, Masha.

MASHA

Olga . . .

OLGA

I don't want to.

MASHA

Olga . . . *(Becoming Lev again)* Olga Leonardovna, the doctor said that Anton Chekhov is dead.

OLGA

No, Doctor, no, Doctor . . . tell me it isn't true, no, Doctor. *(She begins to faint)*

MASHA

*(As the doctor)* Olga! Olga! *(Calling for help)* Lev! Olga!

ALEKO

Excuse me Olga, was it like that?

OLGA

No, it wasn't like that.

ALEKO

*(To Masha)* Stand up, stand up! *(Directing a new scene)* The stove. Olga, I am Chekhov. *(He coughs)*

OLGA

No, no, Antosha. You promised me you would write a play about a writer who travels to Moscow because he wants to see his wife play the characters that he wrote for her ... you promised me.

ALEKO

Crocodile . . . you don't know how much I want to go back to Moscow.

MASHA

Aleko, Anton retained his dignity until the end.

ALEKO

Doctor, I'm dying.

MASHA

*(Becoming the doctor again)* Hurry Lev, oxygen.

ALEKO

It's not necessary, when he returns I will be dead.

MASHA

*(Interrupting)* Olga, the day after Anton's death the Russian journalist Grigori Borisovich Iollos, from the Moscow newspaper *Russkie Vedemosti*, interviewed you at the hotel in Badenweiler. At one in the morning, Anton began to hallucinate.

ALEKO

*(As Chekhov, delirious)* I imagine a revolution. One day after the strikes, the czar, the Russian Caesar, goes off to live in the countryside and we are left orphaned, and there is a war, we are so hungry that humble people like me have to eat human flesh. Until one day we go to Finland station to await a new leader, a man who is bald, electric, filled with sawdust, and with him we go into the French museum by the Neva River.

MASHA

*(Everyone retakes their characters)* Olga puts a bag of ice on Anton's chest. Anton says . . . you don't put ice . . .

ALEKO

You don't put ice on an empty heart, ich sterbe, I'm dying.

MASHA

Olga takes the bag of ice off of Anton's chest. The window is open and you can hear the birds singing. Olga embraces Anton and kisses him sweetly.

OLGA

No, no! No! *(She hugs him, kisses him, and then begins to hit Aleko)*

ALEKO

Olga, I want to apologize.

OLGA

Why, Aleko?

ALEKO

Because I fell in love with you when I saw you act in *Three Sisters* a few months ago in Moscow. I fell so in love, Olga, that I pissed my bed.

OLGA

Aleko, I already loved, I already burned up all my coal and oil.

ALEKO

Then save me, Olga, forgive me. I wished for your Anton's death and my wish came true. Olga, please forgive me, I'm such a simple person. Please forgive me, Olga.

MASHA

Excuse me, I'm going to get ice.

ALEKO

No, don't go!! Don't leave me alone with her!! Olga, I'm a scab. I didn't have shoes until I was thirteen years old, the only milk I drank was from my mother's and my sister's breasts when they had babies. My father beat me, I never saw him sober and he never looked me in the eye. A priest raised me in his home because he said I knew how to sing and because in the winter I didn't cry from hunger. That's how life was in the country, Olga, and it was beautiful. I wanted to live in the city, but when I got here I saw how some drunks beat a horse to death. I bent down, kissed its eyes and I got stained with blood, Olga. Just like you, stained with blood. That's why when I went to see you at the theater, invited by a woman who paid me to love her, I fell in love with you. Because you are sad, because you appear older than you are, because you know how to walk, because I would like to be like that and dress like that. And since you came to rehearse with us I've had a constant erection. For the last two weeks I've been urinating in the street, my penis freezes, it turns black. I'd love . . . to penetrate you. I love you and I want you to love me, but you won't love me because I'm poor. Don't let my soldier's face mislead you, when I'm naked you'll realize. That's how we poor people are, we have fewer bones and the few that we have are bigger, we're misshapen. I have rat bites on my buttocks. I smell like a woman where I ought to smell like a man and I don't know how to love without wanting to hit, kill, vomit, pray, drink and love some more. The most important organ in my body is my appendix and I want to stick it in your kidney and watch you sweat.

MASHA

Aleko!

OLGA

Go on, go on.

MASHA

Aleko!

ALEKO

No, I'm finished.

OLGA

Swine, potty mouth. I can't move.

ALEKO

It's a monologue I'm rehearsing based on Dostoevsky. Did you like it?

MASHA

Aleko!

OLGA

You don't love me? *(She cries)*

ALEKO

No. *(Consoling)* Olga, Olga, anyone would fall in love with you.

OLGA

You were acting?

ALEKO

Yes.

OLGA

Never act again please. *(Suddenly goes from crying to laughing)*

MASHA

*(Surprised)* Olga, you are a wonderful actress.

OLGA

No. I was.

MASHA

When you act I can see what you're thinking.

ALEKO

And what she's feeling?

MASHA

Yes, what she's feeling too.

OLGA

You know what I feel?

MASHA

Olga, how are you such a good actress? Do you think I would be a good actress if I enjoyed sex?

ALEKO

Why Masha? You don't enjoy sex?

OLGA

Masha, don't talk about that in front of Aleko, I don't talk about that, not even in front of a woman.

MASHA

I need to talk about myself.

ALEKO

Olga, you can talk in front of me, we always talk about sex.

OLGA

You do?

MASHA

Yes.

ALEKO

Yes.

MASHA

We even did it once.

OLGA

Did what?

MASHA

Sex.

ALEKO

Sex.

OLGA

Sex?

ALEKO

Yes, I did it to her.

MASHA

Yes, it was summertime, in one of the theater dressing rooms. We were sitting in a chair. *(Aleko points to the chair he's sitting in)* Yes, in this chair. But I didn't enjoy it.

ALEKO

I did enjoy it, Olga. But I only did it to her so she could act better, because she had to play the role of a woman who falls madly in love with a peasant.

MASHA

A miner.

ALEKO

A miner, a peasant, same thing.

OLGA

And did it work?

MASHA

Yes, I realized that if you don't enjoy it, you can think about a different, better man and then you get sick to your soul and you suffer . . . *(Pause)* Olga, is it true that you wouldn't let Anton have sex with you because he had tuberculosis?

OLGA

That's what people say? Actors! . . .

ALEKO

But did you get infected or not?

OLGA

No!! *(Pause)* There were times when we made love that Anton coughed and vomited blood, but I kept kissing him. What was I going to do . . . reject him?

MASHA

Do you think about that when you have to do love scenes?

OLGA

No . . . never.

MASHA

Aleko says it works.

OLGA

Really?

ALEKO

Yes, I think so, that it works. For example, Olga, if you have to say "I love you" and you don't feel it, you remember someone you loved.

OLGA

A different person?

ALEKO

Yes. You replace them in your mind.

OLGA

How?

MASHA

Give an example, Aleko.

ALEKO

For example . . . "Mother forgive me . . . cut off my hand."

*(Masha laughs.)*

OLGA

No, don't laugh. Why are you laughing? That was very well acted. What did you think about, Aleko?

ALEKO

About my mother when I hit her in the face.

OLGA

You hit your mother in the face?

ALEKO

No Olga, I imagined that too.

OLGA

You are a very good actor, Aleko. He imagined it, Masha. Your colleague is a very good actor.

ALEKO

Thank you, Olga.

MASHA

Aleko is not a good actor, Olga, he's a nobleman, he's a million-aire, that's why he does what he does.

ALEKO

Yes Olga, I'm a nobleman, I'm a millionaire. I grew up with dogs who dined at the table alongside me.

MASHA

If you only knew Aleko's mother, Olga.

ALEKO

What about my mother? My mother has marble teeth from India, Olga. I grew up dressed like a little sailor boy until I was eleven.

MASHA

They had a theater in their house . . . a theater.

ALEKO

Yes, we had a theater, Olga, a private theater and an actor, an actor who had been a serf and who would teach me how to act.

He said that acting was like suffering for love, his eyes were always full of tears. Thanks to him I came to St. Petersburg and I became an actor.

MASHA

So you could go take vacations in France.

ALEKO

Yes, I used to take vacations in France, I used to take vacations in France. And you know what happened to me in France? I saw someone guillotined; people are so simple. That's why I'm always drunk, my tongue purple, that's why I wake up twice a week lying in the street, naked. Olga, we should go back to living like Christians, put an end to progress. I would live with my children and their mothers in the countryside, even if they're already old women by fifteen. I'd make them pray so that God would convince them that I raped them out of love and that all those children, who are my sons and daughters, are the fruit of a celestial passion. Would you like to see me act?

OLGA

Yes.

ALEKO

Any scene in particular?

OLGA

Something from my life. Could you act out what happened to Masha Chekhova, Anton's sister, when she found out that we were getting married?

ALEKO

*(As Chekhov)* Masha, sister, I am getting married.

MASHA

*(As Masha Chekhova)* No.

ALEKO

But you will live with us.

MASHA

No. What are you getting married for if I give you everything?

ALEKO

You're my sister.

MASHA

So . . . ?

ALEKO

What do you mean "so . . ."?

MASHA

So . . . !

ALEKO

"So . . ." what?

MASHA

So . . . I cook for you, I clean for you, I write letters for you, I kill cats with the shotgun for you, I inspire you, I laugh at your stories . . .

ALEKO

But Masha, I want to get married and be intimate with a woman.

MASHA

Dirty pig! What for? You can keep masturbating in your garden like you always do.

ALEKO

I want a woman.

MASHA

I'm a woman.

ALEKO

A woman I can kiss.

MASHA

You can kiss me . . .

ALEKO

With tongue?

MASHA

Yes, you can do that to me too!

ALEKO

Touching your breasts?

MASHA

No! Degenerate . . . you're my brother. You want to touch my breasts? No! . . . Fine, touch my breasts, do whatever you want to me. But don't get married . . . No one will love you like I love you.

ALEKO

Yes I know.

MASHA

So?

ALEKO

But I want to try.

MASHA

Try what?

ALEKO

Try . . . I don't know, having a wife, touching her, sleeping with her, telling her my problems . . .

MASHA

But what problems can you possibly have when I resolve everything for you, Anton!

ALEKO

Coughing. That problem. Having tuberculosis, being afraid to die, that.

MASHA

*(Pause)* That fat pig, that old, cross-eyed, crippled, hunchbacked Olga Knipper, unfashionable, broken puppet of Nemirovich-Danchenko and Stanislavski, hen, hillbilly, grave digger. I hate her. Actress, criminal, when she stands up onstage it stinks like a lion.

ALEKO

Maria . . . Masha: I love you, but I don't love you . . . I'm in love with Olga.

MASHA

Anton, Antosha: Why did we grow up? We were so happy when we were little and we played in the mud. I want to be little again, Anton. Choose me, I knew you from before.

ALEKO

You need to find a boyfriend, Masha.

MASHA

You know what I want? I want you to marry her, to write plays for her and make her into a goddess, and to keep her far away, in Moscow, and to cry over her absence. And to cough more each day, and to realize that the one who stayed by your side until the end was me, and that the sex and nasty things that you wanted so badly didn't mean a thing. And for you to die one day, and for her to suffer, drowning in guilt, and for her to get fat, so she can't act anymore. And I'm going to stay in this house and I'm going to leave everything untouched until it becomes a museum. I'm going to become a selfish giant and your orchard will dry up. *Oh, my dear, my sweet, my beautiful orchard . . .*

ALEKO

Masha, Mashenka, you're ill: don't drink any more alcohol, don't smoke tobacco, don't eat fish. Take aspirin, inject arsenic under the skin of your back. And if that doesn't work, wait until you are old and all this passes and the real illnesses come.

MASHA

*(To Olga)* Swine, vile German, you managed to trap my brother. If you become Natasha from *Three Sisters*, I will strangle you with my own hands. I won't rip out your throat, I'll just strangle you . . . I want to kill myself, my life has no meaning anymore . . . all because of my brother's marriage . . . Why did Olga have to bother, and complicate everything for a sick man? It's so strange that you're going to become a Chekhova. Olga, Olechka, you know I adore you . . . I've become so close to you over the last two years . . . Please, find me a rich and generous boyfriend.

OLGA

Stop teaching so many classes, Masha. Why don't you fall in love?

MASHA

Me? I've never been in love. Me, Masha. I envy you Olga, even though your Anton has died on you.

OLGA

Has it ever happened to you that you love someone so much that you suffer even thinking that that person will one day get old and die?

MASHA

Olga . . .

OLGA

That was very good, very good Aleko. We must make theater.

ALEKO

Yes, we must make a play that will heal our souls.

OLGA

When the snow melts we have to make theater.

MASHA

Why? Is your soul sick, Aleko?

OLGA

You're a very good actor, Aleko. Masha, that was very good. We must make theater.

MASHA

Why don't you act, Olga?

OLGA

Me?

MASHA

Yes.

OLGA

Why?

MASHA

So you can see if it comes out right this time.

OLGA

What do you think, Aleko?

ALEKO

Yes, I think you should.

OLGA

*When you see Trigorin don't tell him anything, I love him, I love him even more than before. Kostya, do you remember? What brilliance, what warmth, what youth, what happiness, what feelings . . . like tender and delicate flowers . . .*

ALEKO

Olga, maybe you should go back to making love. Maybe then you'll start feeling again.

OLGA

And what happens if making love with another man makes me feel good?

MASHA

Then you'll feel disgusting.

OLGA

Oh?

ALEKO

You could do it with me.

OLGA

All right.

ALEKO

All right?

MASHA

Aleko, are you going to tell her the same lovely things that you told me?

ALEKO

Masha, what things?

MASHA

That I was the most beautiful woman in the world and that you wanted to have children with me?

ALEKO

Masha, was I erect?

MASHA

Aleko!

ALEKO

Was I erect?

MASHA

Aleko!

ALEKO

Then it doesn't count.

OLGA

So are you going to tell me the same things that you told Masha?

ALEKO

If you want . . .

OLGA

Yes. I want. And I want you to tell me more things. Tell me that you love me, tell me that I look thin, that I appear younger than I am, that my breasts are firm, that you will love me even when my acting is bad. Tell me that I am your little crocodile, your darling Lutheran, hold me tight and break two of my ribs, suffocate me and make me cry. I want you to bite your tongue, to cough up blood and to tell me that you are Anton, that you will live for many years and that we will have three daughters.

MASHA

They killed the Minister Vyacheslav von Plehve.

OLGA

What?

MASHA

They threw a bomb into his car, it was Yegor Sozonov, a revolutionary socialist.

OLGA

How awful. But I knew nothing about that . . .

MASHA

It was six months ago, Olga.

OLGA

Anton had just died.

ALEKO

They've already killed many people.

MASHA

He was the chief of the secret police and an anti-Semite, let the dogs devour him.

ALEKO

He was a human being.

MASHA

Aleko is a Christian, Olga.

OLGA

Really? You're a Christian? But are you a good Christian?! Then help me, please. Act Anton's death for me again. But deliriously.

ALEKO

I imagine a revolution, Olga. I imagine that the city changes its name, that it's called Petroneva or Nevagrad or Antonchek-hovgrad. I imagine that there's another war, a white war in winter. And they send us to work in Siberia. It is so cold in Siberia and there is no time to read. I imagine that a new man, a new leader, the one with grease-stained fingers, covers us in red. I imagine that all those soldiers, workers and peasants, die and float in the river, killed by the new czar, the new Caesar. And I just wanted vodka, champagne, rifles, onions, a freedom without God, and forests. I imagine that I keep on loving Russia. I imagine that winning a patriotic war and sending a dog flying through the cosmos will have been worth it. I am in love with Russia.

MASHA

I also think about Russia.

OLGA

We must throw a party.

MASHA

Yes.

ALEKO

Again?

MASHA

That was not a party.

ALEKO

To me it was a party.

OLGA

What was not a party?

ALEKO

When we welcomed you in the lobby of this theater.

OLGA

With champagne?

MASHA

That was not a party.

ALEKO

For me it was a party.

OLGA

A party is something else.

ALEKO

For me it was a party. We ate cookies, we drank wine.

MASHA

Champagne.

ALEKO

Well, I drank wine.

MASHA

When did you drink wine?

OLGA

No one gave me wine.

ALEKO

We danced . . . I danced.

OLGA

You danced with me.

MASHA

When?

ALEKO

You were in the bathroom.

MASHA

No.

ALEKO

Well, then you were looking in another direction.

MASHA

What kind of dance?

OLGA

A polonaise?

MASHA

Yes, we must throw a party.

OLGA

Yes, we must throw a party, but not here, somewhere else.

MASHA

In a bigger place.

ALEKO

We can do it at Andrei's house.

OLGA

Does he have room for a party?

MASHA

Yes, he lives above his brother's restaurant.

OLGA

And what's the restaurant like?

MASHA

Poor, but clean.

ALEKO

Like Masha.

MASHA

We could also do it in a place that's rich and dirty.

OLGA

Like Aleko.

ALEKO

Yes, Olga. Rich and dirty, just how you like them.

MASHA

We have to invite Sergei so he can play the harp. Aleko, will you ask me to dance?

ALEKO

No, I'm going to be dancing with Olga.

OLGA

Yes, but I'm going to be thinking about someone else.

ALEKO

I know whom. I'll fill my mouth with wine and I'll . . . *(He coughs, imitates Chekhov) Never act again, Olga, never fall in love again, never dance again, you have no right to be happy.*

OLGA

Masha, have you ever felt like killing someone?

MASHA

Yes. I feel like burning everything, Olga.

OLGA

But I forgive Aleko. I love his sense of humor.

ALEKO

Thank you.

OLGA

We must throw a party.

ALEKO

Yes, we must throw a party, a party full of blood. I want to make a toast. I want to make a toast to the czarina who woke up happy and said: Nicholas, it's snowing, I want to sail down the Neva. And when the czarina gets up and stands on the deck of her boat she likes to see Russia. And the soldiers run around and build whole villages for her along the riverbank. Because our city,

Olga, is very pretty, it's a piece of scenery; people go out on the street and they dress up like poor people, because here we are all millionaires.

OLGA

I also want to make a toast. To our royal family. To the czarina who is German like me, that she may have a child who is healthy and male.

MASHA

I want to toast too. I want to toast our director, who still hasn't arrived. Maybe he's lying on the street covered in shit, dead, stiff.

OLGA

Masha don't be ridiculous, we're having a party.

ALEKO

Yes, Masha. Don't speak that way about our director.

MASHA

But I love him, Aleko. No, I *loved* him.

OLGA

But he's not dead.

ALEKO

I want to make a toast to Gapon.

OLGA

I adore Gapon, he's such a sensual actor. *(Masha laughs)*

ALEKO

No, Olga, Gapon. Father Gapon, the priest who organized the workers' march this morning.

OLGA

*(To Masha)* You laugh, you think it's funny that I don't know who Gapon is. Well then laugh, but laugh harder, laugh hard, if you're going to laugh at me, laugh hard. Let all of St. Petersburg know how asinine and stupid Olga Knipper is, who doesn't know who Gapon is. *(Crying)* I have no reason to know who Gapon is, why should I know who Gapon is? I've just arrived from Moscow!

ALEKO

Olga, sit down, sit down. Olga, Father Gapon is the priest who organized the workers' march this morning.

OLGA

What for?

MASHA

Tell her, Aleko.

OLGA

Shut up! *(To Aleko)* What for?

ALEKO

Olga, this morning the workers took a letter to the czar.

OLGA

And what did the letter say?

MASHA

Tell her, Aleko.

ALEKO

Shut up, shut up!

OLGA

Shut up, please!

ALEKO

The letter asked for justice, protection, it said, "We feel impoverished, oppressed, they treat us with contempt, tyranny is suffocating us."

OLGA

*(Laughs, her crying was an act)* No, Aleko, really. And what did the czar do?

ALEKO

Nothing. His officers sent twelve thousand soldiers into the street. Father Gapon stopped the march and he asked the workers, who were loyal to the czar, "Comrades, will the police and soldiers dare to stop us?" And they answered no. And Father Gapon said to them, "Comrades, it is better to die for your demands than to live the way we have been living."

MASHA

We will die, Father.

ALEKO

Shut up! Shut up!

MASHA

That's what they said, tell her, Aleko.

ALEKO

They answered: *we will die.* But when the procession reached the Narva Gates, the cavalry squadron shattered their formation and the infantry fired on the mass of people. When Father Gapon saw that massacre he stopped in the middle of the street and shouted, "There is no more God, there is no more czar."

OLGA

Where is Father Gapon now?

ALEKO

I don't know.

OLGA

Did he die?

MASHA

No, Olga. He's not dead.

OLGA

And how do you know that?

MASHA

I was with Father Gapon before coming to rehearsal. At Gorky's house.

OLGA

You were in the house of my friend Maxim Gorky?

MASHA

Gorky called me. They needed an actress who knew about makeup. They had to get Father Gapon out of the city. I made him up like a woman and put a wig on him.

OLGA

And where is Father Gapon now?

MASHA

I don't know, Olga. I imagine he must be walking through the streets, looking for his people . . . or floating in the Neva River . . . I don't know.

OLGA

And how was Gorky?

MASHA

Fine. I told him that if we have an opening in this theater next Saturday, he should come to see you.

OLGA

What?

MASHA

He wanted to see you act.

OLGA

But why did you have to say that to Maxim Gorky, Masha? Don't you realize that I cannot act anymore? Don't you realize that ever since Anton died I am incapable of saying a single line well? But you don't understand that, because you have never loved, but I have, I loved, I loved, but I was always a jealous woman . . . How sick . . .

MASHA

I am a jealous woman, too, Olga.

OLGA

Masha, did it bother you very much that I came to work as an actress with your company?

ALEKO

Olga, she rolled herself up in the curtain and wept with rage, because she gets jealous of me.

MASHA

Yes, I wept. But I wanted to meet you, Olga. I wanted to learn from you.

OLGA

Masha, you're like me when I was seven years old. At that age I hadn't fallen in love yet either and I, too, was a virgin . . . Anton would have loved you. If he were here I would be the one weeping with rage rolled up in one of those curtains.

MASHA

He would have liked me?

OLGA

He would have loved you, he would have written a play for you.

MASHA

What would it have been called?

OLGA

*Nieva.*

MASHA

*Neva?*

OLGA

No, *Nieva* . . . "It snows." *(Pause)* Who has kissed whom in this company?

MASHA

Nobody and no one.

ALEKO

*(Ironic)* No Olga, we don't like to talk about that.

MASHA

It's private, Aleko.

ALEKO

It's private property?

MASHA

No, it's not private property, it's personal, it's secret.

OLGA

I'm very sorry Masha, I only asked because I like getting to know the people I work with, but I'm not interested in private business.

MASHA

Personal.

OLGA

That's right, private business . . . So let's talk about something else.

*(Pause.)*

ALEKO

Olga, did you know that the director of our company was an opera singer?

OLGA

Oh, really?

ALEKO

Yes. *(Pause)* And he also got the ticket girl pregnant.

MASHA

Aleko!

OLGA

No! That's terrible. That girl must be eighteen years old.

MASHA

She's fourteen, Olga.

OLGA

Fourteen! But Masha, that's an outrage. I'm so disappointed in your director, he seemed so reserved, so dignified.

MASHA

Reserved . . .

ALEKO

Dignified . . .

OLGA

Besides, he's so short and so skinny. He was an opera singer?

ALEKO

Abysmal.

OLGA

I can't imagine how that rosy young girl could have fallen for him. Maybe he raped her.

ALEKO

It seems he paid her.

OLGA

No! I won't be part of a conversation where you speak so badly of the theater's director. I think it's disgusting.

MASHA

Olga, you have to give Aleko advice.

OLGA

Masha, you're not understanding me. I will not be part of this kind of conversation, it's not right.

MASHA

But you have to convince him not to tell the boyfriend.

OLGA

I don't have a boyfriend, I already burned up all my coal and oil.

MASHA

No, Olga! The ticket girl's boyfriend.

OLGA

She has a boyfriend?

MASHA

Yes.

OLGA

Who is it?

MASHA

He's an actor in this company.

OLGA

Who?

MASHA

Osip . . . the one who plays servants and peasants.

OLGA

The fat one?

MASHA

Don't call him fat, Olga.

OLGA

But why not? Does it offend him? He looks fat to me, so I call him fat.

MASHA

Osip suffers. He's always trying to lose weight. Some months he only drinks vodka and eats bread, but he just gets fatter. I don't know why that girl slept with the director.

ALEKO

The problem is, the fatty is happy because he thinks the child is his, but when he sees that the baby is thin like the director he'll die of sadness. I think we have to tell him the truth.

MASHA

No, Aleko. You don't have to tell him anything. The ticket girl is in love with Osip.

ALEKO

She's deceiving him, Masha.

MASHA

How do you know the child isn't Osip's?

ALEKO

No, I don't think so, the director's a satyr.

OLGA

And does the director have a wife?

ALEKO

No, he says that we are his family. He loves us. Now he lives with his sister and has two children with her.

OLGA

What?

ALEKO

With his sister.

OLGA

The director has two children with his sister?

MASHA

With his sister, Olga . . . and he brings them to rehearsal. The children are normal but their eyes are very far apart.

ALEKO

Like a lamb.

MASHA

Like a fish. I always tell Aleko that he doesn't have to say anything, Olga. To let Osip be a father and maybe that will fix his problems.

OLGA

Yes, Aleko. You don't have to say anything.

ALEKO

Olga, I won't be part of a lie.

OLGA

Stop, Aleko, that's enough. We're human, we're weak people, we're fragile. Let the poor fatso live in peace.

MASHA

Osip.

OLGA

Osip. Leave him in peace. Look at me. When you look at me, what do you see?

ALEKO

I see the best actress in the world.

MASHA

Idiot.

OLGA

What do you see? You see Olga Knipper, a broken woman, an ex-everything, the discarded skin of a reptile. No, don't judge me, don't mock me, you must speak well of me and say that I was always in love with Anton and that I am a bird, a simple bird.

ALEKO

Olga, you were always in love with Chekhov and you are a seagull.

OLGA

When Osip arrives you will tell him absolutely nothing.

*(Pause.)*

MASHA

Olga, do you remember Sasha?

OLGA

No.

MASHA

The tall one, who plays Irina.

ALEKO

The singer.

MASHA

The one who sings so prettily. *(Sings) The wind blows and blows . . .*

OLGA

Oh, yes.

MASHA

She's a very good actress, that Sasha.

OLGA

To me she doesn't seem so good.

MASHA

She's not as good an actress as Olga Knipper.

ALEKO

She's a very good actress, Olga. When she arrives late she gets angry and she's quite scary.

MASHA

Look, ask me why I arrived late.

ALEKO

Sasha, rehearsal started at twelve. Why are you late?

MASHA

What, what, what, what, what, what.

ALEKO

Yes, it's true. She says all the "whats" with a different inflection.

MASHA

She's a very good actress.

ALEKO

I find her very pretty.

OLGA

But she has the face of a man.

ALEKO

Yes, that's why she's so good at villainess roles. She also smokes, spits and coughs.

MASHA

Like someone with tuberculosis.

OLGA

And how does someone with tuberculosis cough, Masha?

MASHA

I'm sorry.

ALEKO

Even when it's snowing she goes outside to smoke with Yegor.

OLGA

Shouldn't we go out to the street to look for her?

MASHA

No.

ALEKO

*No, no.*

MASHA

*No, no.*

ALEKO

*No, Shuvochka, don't do it. What for?*

MASHA

*I love you madly, without you my life has no meaning, it has no happiness. You are everything to me.*

ALEKO

*Don't do it Shuvochka . . . I don't understand anything, my God Shuvochka, don't do it.*

OLGA

*In my childhood you were all my happiness, I loved you and your soul like I loved myself. Now you fill my thoughts day and night and that keeps me from living. I love you Nicolai Alekseevich.*

ALEKO

*My God, what does this mean? Does this mean that I have to begin my life all over again, is that what it means Shuvochka? I have to take back my life, my flower, my youth.*

MASHA

*I promise you all my love, take my hand. Better times will come soon. Be brave and see how brave and happy I am.*

OLGA

That's good, Masha. Because she says she's happy but she cries.

ALEKO

You did it beautifully.

MASHA

Thank you, my dear public. I want to dedicate this performance to Olga Knipper, the famous actress who visited us from the Moscow Art Theatre, but who yesterday was found dead, floating in the Neva River.

OLGA

Poor little Olga Knipper, she was once so happy and she died so sad. She went out to get some air, vomited blood and threw herself into the Neva. The end.

MASHA

Olga, are you brave?

OLGA

Yes, I think so. One needs a great deal of courage to live life the way I plan to live. I will never fall in love again, I will die alone, I will overflow with vodka and I'll turn red like an onion. Everyone will feel sorry for me, they'll laugh at me. They'll pity me. People will say that I cannot act anymore, that my hands shake, that I forget my lines. They'll prescribe me cocaine, as if I were a morphine addict. The women and the other actresses will say that Anton took my talent with him to his grave when he died in Badenweiler. I will never set foot on a stage again and I will poison myself with envy knowing that actresses like you wear my shoes.

MASHA

You are happy, Olga. Perhaps you don't realize it now, but you are happy.

OLGA

Aleko, act delirious. But more delirious.

ALEKO

I didn't love you that much, Olga. I had gonorrhea. If I had to choose between my sister and you I wouldn't know what to say. I am not afraid of death. The thing is, in life I was incapable of deciding whether or not I believed in God. But I did love you so much, Olga. The thing is, I'm dying and I can only think of myself and Russia.

OLGA

Don't worry. Anton. Very soon I will forget you and how you died . . . and in a hundred years no one will remember us.

MASHA

I don't trust those filthy Bolsheviks either.

OLGA

What is happening in our country?

ALEKO

The revolutionaries started killing people.

MASHA

Yes, and the czar has killed many more.

OLGA

Why so much death?

MASHA

Because we want to bury the czar, we want the people to rule.

ALEKO

And to elect a parliament.

MASHA

Yes, but not so that the nobles, your uncles and cousins, rule. So that no one rules. We want to dissolve the army, burn all money.

ALEKO

Olga, Masha has just discovered that the czar is not the benevolent king we all believed he was.

MASHA

No Aleko, you just discovered that. Olga, now Aleko's going to defend the czar, he's going to say that the bureaucrats are the bad ones, that today's march was organized by foreign agents and that Father Gapon is a foreign agent.

ALEKO

No one is defending the czar, Masha.

OLGA

Masha, Aleko is not defending the czar, that's ridiculous. We all already know that the czar is blind, stupid and cowardly. Anton always said that no one believes anymore that we'll win the war against Japan. The whole world has realized that our generals are a bunch of drunks and that they don't know how to fight.

MASHA

That's right, Olga. Long live Japan and death to the Russian Empire.

OLGA

I didn't say that.

ALEKO

Don't let anyone hear you say that, Masha. Is that what you want? You want war, you want death?

MASHA

The final war will be the class war, Aleko. There is going to be a revolution. Even the sailors on the Black Sea are rebelling because they're forced to eat meat full of worms.

OLGA

That's true, Aleko. In our country people don't even have anything to eat. And what does the czar do? He drinks tea and goes bird hunting.

ALEKO

Not only him, Olga. Masha also drinks tea, hunts flies and doesn't know what she wants. She's waiting for her revolutionary leaders to return from their exile in the cafés of Paris and Geneva.

MASHA

Those are not my leaders, Aleko. I have no leaders, and I do know what I want. I want to see the czar weep when he realizes that his subjects don't love him anymore. And I want to vote, and I want to be born again, to have grown up in your house and have that wonderful theater.

ALEKO

No, because then you would be like me, you would think it's wrong to throw powder kegs at people who know how to waltz.

MASHA

Oh, is that wrong?

OLGA

That's wrong, Masha.

ALEKO

Many people think like Masha, Olga. Let's see, answer me: How are we going to stop the murders, the lynchings, the looting . . . how are we going to improve the character of the people?

MASHA

With a general strike.

ALEKO

What a good idea!

MASHA

We have to get rid of the millionaires who allow all of this to go on like that.

ALEKO

Olga, sometimes Masha wakes up with the urge to kill nobles.

OLGA

Is that true, Masha?

MASHA

Yes, but it goes away after lunch. Though I still feel like burning estates and handing them over to the peasant collectives so they can cultivate the land.

ALEKO

And do they know how to cultivate the land?

MASHA

They know, Aleko, of course they know. And while they cultivate it, the nobles like you go out hunting and read the Bible.

ALEKO

Let's burn estates then, let's burn estates. There are some dachas that have libraries and private theaters.

MASHA

There are many things that must burn, Aleko.

OLGA

What else must burn, Masha?

MASHA

The churches, the museums, the jails and certain people.

OLGA

You look so harmless and look what you're saying.

MASHA

But I'm evil, I could kill someone in the street if they gave me a dirty look.

ALEKO

Don't believe her, Olga. She starts crying when it rains and the dogs get wet. She drinks wine and then says that we're all brothers and that love will save Russia.

OLGA

Don't burn anything, Masha, maybe the czar will run away to London and it won't be necessary to burn anything at all.

MASHA

Maybe the czar will stay here killing poor people.

OLGA

Well, maybe so.

MASHA

What do you mean "maybe so"?

OLGA

Well, we do need a government. The military and the nobility know how to govern. Unfortunately our poor drink too much and then go beat their wives.

MASHA

No, Olga.

OLGA

That's why first we must educate them, so that in the future those people can govern. But first they must be educated.

ALEKO

The thing is, Masha believes that the poor are good because they're poor.

OLGA

And what do you believe, Aleko?

ALEKO

I believe that we have to go back to living in the countryside, simply. We have to work the land, study and pray. And when we get old, walk to a convent, find God, and die. The thing is, it's money that has made us poor, Masha. Olga, we ought to leave St. Petersburg and begin all over again.

MASHA

Everything Aleko knows about politics he got from the Sermon on the Mount.

OLGA

Don't burn anything, Masha. Maybe Russia will catch fire on its own. Whatever happens, we will always have art. Perhaps a long time will pass and everything will stay the same. There will still be poor people, there will still be rich people, there will still be soldiers shooting people in the street. But we will always be able to go on dreaming and we'll be able to go on saying: nothing changes, everything stays the same, we must burn it all.

MASHA

Olga, I admire you, I think you are a magnificent actress, as I've told you, but you're not understanding a thing.

OLGA

What is it that I'm not understanding, Masha?

MASHA

Things are going to change now.

OLGA

What's going to change?

MASHA

There's going to be a revolution in our land. We will finally be free, people will be united, there will be no rich people. Wake up Olga, wake up Aleko, there will be no rich people!

ALEKO

Masha is right, Olga . . . we will all be poor.

OLGA

*(Sings) The wind blows and blows* . . . This empty theater scares me.

ALEKO

One night I stayed here alone, but I couldn't sleep because I sensed someone coughing.

OLGA

Aleko! Anton always used to cough hiding in the theater.

ALEKO

How did he cough?

*(Olga coughs.)*

And his face?

OLGA

Awful . . . he walked like this.

ALEKO

And what did you do when he got like that?

OLGA

I would act, I would put on a happy face. I would tell him that he was going to get better.

ALEKO

But he knew . . .

OLGA

Aleko, cough.

ALEKO

*(Coughs; as Chekhov)* I want to return to Moscow, I want to embrace my sister. Don't burn everything, don't end the revolution. Champagne!

OLGA

No, don't die.

ALEKO

What?

OLGA

Don't die this time, get better.

ALEKO

All right, Olga. My fever is gone, I already feel better. I want to return to Moscow, I have an idea for another play. A tragedy called *Neva*.

MASHA

*Nieva?*

ALEKO

No, *Neva*. I want to eat, I want to swim in the river. There are so many books I didn't get to read.

OLGA

Anton, I'm pregnant. I won't be able to act in your tragedy.

ALEKO

Masha, my sister, you are going to be an aunt.

OLGA

Anton, we are getting old, thank goodness there was no revolution.

ALEKO

And now there are so many doctors. They found the cure for tuberculosis. We are so happy. My plays are staged like comedies and people laugh. So many years have passed and I'm still not dead. There are so many trees, so many flowers.

OLGA

Anton, I'm dying, I'm dying before you. It's my heart, I loved too much, it got used up.

ALEKO

Mine, too. I would have liked to keep on living, I would have liked to have a long white beard. I don't want to go.

OLGA

Don't go.

ALEKO

I want to go out to protest against the czar, can I?

OLGA

No, outside there is no street. Outside is the Black Jungle.

ALEKO

And if we were in St. Petersburg . . . would you let me go out to the street, Olga?

OLGA

No, Aleko. Outside the river is frozen, the soldiers are shooting at people in the street. They could kill you, you could catch cold. Remember when you used to cough? You would become delirious. You would say that something terrible was going to happen in our country.

ALEKO

You're right, something terrible is happening in our country. I'm going out to look for the other actors . . . I can't . . . I can't . . . I can't act, Olga . . . I'm ashamed to be looked at. How can I act if I've never suffered enough? Sometimes I feel bad about how the poor live, but my heart has never been broken. How am I going to act if I've never cried for love?

OLGA

And me? Do you know what it means to be me, Olga Knipper? How am I going to fall in love again, if I've forgotten how to seduce? Besides, men have all kinds of odors and they scratch themselves. They fall asleep, they stop talking, they get tired. They eat and their mustaches get smeared with grease. Forgive me Anton, for ruining your life, for marrying you. Would you have been happier sleeping with prostitutes? Would you have preferred to die of gonorrhea, with your bladder on fire, urinating strawberry milk? Would you have preferred to die of syphilis and not to die drowned, mad, drooling, operatic, out of tune?

ALEKO

Are you trying to seduce me, Olga?

OLGA

Do you want me to make you fall in love with me and then break your heart?

ALEKO

Yes. I want that.

MASHA

No, Olga. Someone will end up crying.

OLGA

Look at me, Aleko. Love me. I want to save you, I need you. I am expecting your son, I am expecting your little puppies. I have nothing to offer you, I like subservient sex, I like to say obscene things in German and make guttural sounds. After copulating I fall asleep, but I wake up with the urge to cook and clean the house. I like your smell of onion, I like to watch you defecate, I will treat you like a child, I will make you cry, I will give you my placenta so you can eat it, I will love you. I'll beat you every now and then, and weeping I'll beg for your forgiveness. I'll make huge scandals at openings, I'll eat chicken in bed and I'll get fat, I'll wait for you to humiliate me before I lose weight and start looking like a man. I will find you perfect, I will forgive you for everything, I will love you as if you were a horse. My Aleko, my new Antosha, my new Anton. My Alexander, will you love me like I am already loving you?

ALEKO

I already love you, Olga.

MASHA

Olga, there is going to be a revolution and it's going to be so beautiful. The people will sing in the streets and then they will die. Sometimes I think that I would have liked to be a man.

I would have liked to have hair on my face. I would have liked to drink vodka until I drop and to fight in the street just to see people bleed. And to wear work boots and leather jackets. To smoke. To bathe in the river in winter with the polar bears. To offend women, to whistle, to have scars on my face. To laugh at my own jokes. To love my own stink. To have tattoos, to have been in jail, to have been kicked, to not believe in God, to pee standing up, to sleep in the daytime, to not be afraid, to have burned rich men's houses, to have raped countesses, duchesses, princesses. To have killed. To have lynched, to have eaten human flesh, to have fought in the war, to have killed children, to have violated little girls and old women. I would have liked to be a man. I would be happy. So you love each other? Are you going to get married? Will that make you act better? The revolution was created for people like you, in order to burn you up. How long can one talk about love? I feel like vomiting. Yes, Olga. Your husband died and you want to relive his death because you cannot act. Who cares? Outside it's a bloody Sunday, people are dying of hunger in the street and you want to put on a play. History passes by like a ghost—there is going to be a revolution. And who is idiotic enough to lock themselves in a theater to suffer for love and for death? I'm ashamed to be an actress. It's so selfish, it's a bourgeois trap, a trash heap, a stable full of mares. Olga, you're a she-mule, no, an ass. Aleko, you're a disgrace, pray for me when this city burns and pray for me when the revolution comes that I may die in Siberia. Pray when they burn your churches. Useless fucking actors. Lazy, ignorant, pretentious, empty, peanut shells, rotten tomatoes. Aleko, if you make it to heaven watch me burn. Do you want to put on a play? How many times can one say I love you and I love you not? I'm tired of it. How many times can you cry and claim truth onstage? And be more real and find new symbols? Enough. It's already 1905 and I believe that theater is finished. This is not the nineteenth century anymore, capitalism has machines now. You disgust me. I could start by burning this theater, I would like to see it burn and with it the arrogance, the vanity. I hate theater-love, its false gestures, its class, its sarcasm, its pretentions. It suffocates me, Olga. I don't want to work wearing makeup, I don't want to look pretty. Do you want to do something that's real? Go out into the street and see the simple power of political violence, the end of the regime. It's so beautiful to kill a general and to blow up a minister with a bomb, it smells like justice. The other actors won't be coming, they were killed. I detest your rehearsed gestures, your black tears, your gorilla laugh, your pauses full of meringue. Henhouse, garbage dump of dead ideas. There's going to be a revolution and those of us who survive will be free. We're going to drink, we're going to win wars, we're going to sing at funerals. But Olga, Aleko, don't talk to me about love, talk to me about hunger. Start a hospital, march on the street, steal weapons, kill a general, kill a nobleman, do something that isn't embarrassing, for once speak without a lump in your throat. Oh, my dear, my sweet, my beautiful theater. Love makes me laugh. The theater is shit. Actors are shit. I imagine a revolution. The world will end and we will never be free. Why waste time doing this? How can you stand up onstage knowing that out on the streets, in the world, people are dying? Bourgeois art, bourgeois theater. I hate the audience that comes to feel, I hate myself for being an actress. Why are there poor people? I want to die, I squandered my life wanting to be a peacock and now I'm a crybaby, a bitter woman. I would give everything to have died today, to die like the director, Osip, Sasha, Andrei, the ticket seller, Yegor and the others. I would like to be dead. But before dying, as I bleed, I would think: love each other, cry, pray, act, laugh, it makes no difference, it's all the same. What you talk about is vomit to me. And love is sex, and sex is our cross, our misery. We are like dogs and you are fornicating like dogs onstage, you're swollen, stuck together, we have to throw boiling water on you to separate you. I can't stand your smell of powder or your sweet tears. Do you want to suffer while seated, comfortable, like one suffers in the theater? Sit in Persia, in Turkey, in Poland, in Manchuria and let war crush you. Do you want to cry? Go work in a factory like children do and dry out your lungs with coal soot. But don't come and tell me that we suffer onstage. Because we don't. We suffer in life. I hate the audience, those simpletons who come to entertain themselves while the world ends. They come to seek culture, to sigh. They should be ashamed. They should give that money to the poor. People are dying of hunger, children lose their baby teeth and new ones never grow in. Actors are shit, so vain, they think they're artists but they're ghosts, pumpkins, dolls, like you. You want theater? You want to cry? I'll give you scenery and tears. We're going to die and they're going to forget about us. Love will end. The sun will never rise again for anyone. Russia will end, we will die of everything. Life was a huge mistake. But please stop talking about love. And don't talk of death because you don't understand it. Go home, or work like the rest of the world. May the theater die with you. In the future, when the world ends, there will be only movies and the screen will make us cry like hens, like Olga Knippers. *Don't die Anton, don't die my writer, write me a few last words . . .*

END OF PLAY

# NEVA

*Neva* fue estrenada en el Teatro Mori en Santiago de Chile, en octubre del 2006. Fue dirigida por Guillermo Calderón y actuada por Trinidad González, Paula Zúñiga y Jorge Becker, integrantes de la compañía teatral Teatro en el Blanco. El diseño fue realizado por María Jesús González, Pilar Landerretche y Jorge "Chino" González. La música fue compuesta por Tomás González.

## PERSONAJES

MASHA, actriz, treinta y seis
ALEKO, actor, treinta
OLGA KNIPPER, actriz, viuda de Chejov, treinta y seis

*San Petersburgo. Hace cien años, durante la tarde del 9 de enero
de 1905.*

*En la sala de ensayo de un teatro.*

OLGA

*Oh, mi querido, mi dulce, mi bello jardín . . . mi vida, mi juven-
tud, mi felicidad. ¡Adiós! . . . ¡Adiós! . . . Una ultima mirada a las
paredes, las ventanas . . . Nuestra pobre madre amaba caminar
en esta habitación* . . . No me sale. No me sale este monólogo
de mierda. Tengo menos verdad que Rasputín. Y ahora tengo
pánico. Ya sé lo que va a pasar. Va a llegar la noche del estreno
de la obra el próximo sábado y van a venir todas las mujeres san-
petersburguesas a verme. Y las otras actrices a verme. A verme
caer, a ver caer a Olga Knipper. A verme desafinar y decir estas
palabras hermosas sin alma. Se van a reir en las partes equivoca-
das y van a estrujar el papel del chocolate. Pero al final, cuando
termine la obra y me vean sonreír agradecida y humillada . . . van
a aplaudir, felices, con los dientes apretados. Y me van a esperar

en el pasillo a la salida del camarín para abrazarme, y yo, tímida, ruborizada por el calor, con un halo de perfume cubriendo el olor a sudor del que hiede toda actriz dramática que tenga amor propio . . . yo voy a agradecer. Y como una cachorra mojada voy a preguntar, ¿les gustó? ¿Lo dicen en serio? No saben lo nerviosa que estaba. Gracias por estar aquí en este momento tan íntimo. ¿Pero de verdad les gustó? Si no les hubiera gustado me lo dirían, ¿verdad? ¡Ma-ra-vi-llo-so Olga! Que profundidad al tomar la copa . . . cuando miraste por la ventana se me detuvo el corazón. Hoy actuaste con tu espalda Olga Knipper, tu espalda expresó más matices dramáticos que tu propia cara. Y así, entre halagos falsos, cargando mis flores, saldré del teatro por la puerta de los actores. Y allí en la calle habrá otras flores mas baratas, congeladas, dejadas por otros admiradores que no soportaron los cuarenta grados bajo cero de esta ciudad real de San Petersburgo. Y me subiré a mi coche y sabré que mientras *sus* coches se alejen por el Nevsky Prospekt y el río Neva ya no se vea, dirán: ¡Ah! Pa-té-ti-ca Ol-ga Kni-pper. A-le-ma-na mal ves-ti-da, Ol-ga Kni-pper. Sólo la vinimos a ver porque es la viuda del genio de él, de Antón Pavlovich Chejov. El escritor. El mayor escritor ruso desde el príncipe Tolstoi. El amado escritor que nació en el pueblo de Taganrog, en el mar de Azov, en el sur de Rusia, un diecisiete de enero de 1860, el tercero de seis hijos, cinco niños y una niña, que surgió de una familia de siervos que compraron su libertad y que gracias a su inteligencia y esfuerzo logró llegar a estudiar medicina en Moscú. El escritor que nos legó numerosas obras teatrales y cuentos que interpretan nuestra alma patriótica. Antón Pavlovich, que muriera trágicamente hace solo seis meses en la selva, en Alemania, en un ridículo hotel, casi un sanatorio, de una larga enfermedad, de tuberculosis, de pulmones frágiles de verdadero artista. Y esas vacas dirán con un vaho marrón y labios reventados con vodka, que yo soy mala actriz. Que soy una diletante, que soy un títere descosido de Nemirovich-Danchenko y Stanislavski. Que soy una gallina, una ramera, una pastora. Yo, la primera actriz del Teatro de Artes de Moscú, en donde todo se ensaya, todo se siente, y todo se recuerda con una emoción brutal. Y peor. Van a decir que fui una mala esposa. Que dejé que mi esposo escupiera sus pulmones en su casa de Yalta, mientras yo actuaba las mujeres que él escribía. ¿Pero de qué me sirve comprender el alma del personaje de Irina cuando dice qué quiere volver a Moscú? No me sirve. Porque aunque yo sepa que mi escritor escribió ese personaje de *Las Tres Hermanas* para reflejar su añoranza por mí, su actriz, su perrita, su pequeña cocodrila . . . aunque sepa que lo escribió pensando en mí, en su casa de Yalta, en su Siberia cálida . . . no me sirve, porque ya no siento. Me puse áspera. No siento. Y para actuar hay que sentir, y por lo tanto no puedes actuar Olga Knipper. Y no me sale este monólogo ni esta escena. Y me van a hacer pedazos en esta ciudad de San Petersburgo, en esta ciudad francesa. Y yo que pensé que salir un mes de Moscú para trabajar en la ciudad del zar y la zarina me iba a ayudar a sanar mi corazón roto por la muerte de mi escritor hace como seis meses. Pero ha sido peor. Todo es tan intenso en la ciudad de Pedro que ya ni siquiera puedo llorar. Todo lo que tiene agua esta congelado, incluso los hombres. Los palacios brillan y humean en la noche, y todos, hasta los niños, actúan como si este mundo se fuera a acabar. Lo más importante en mi vida es el teatro y actuar. Y ser yo misma cada vez que me visto como si fuera otra. Y despreciar la fama y a los que me quieren. Y despreciar a los otros famosos, y despreciarme a mi misma maquillándome pegada al espejo. Y despreciarme cuando me pongo un vestuario y me aprieta porque estoy gorda. Y despreciarme cuando me trago una barra de chocolate entre acto y acto, en mi camarín, con la boca llena, casi sin poder respirar, bufando por la nariz, como una puerca, como una gallina, como una pastora. Porque para mi esto es un castigo Sergei. Me humilla que me miren. Eso sí, me gusta cuando me llaman y me dicen: queremos que interpretes a este personaje. Me halaga que digan que soy perfecta para el rol. Y no me gusta fallar. Que me quieran.

Eso me gusta, eso es lo que a veces me hace un poco feliz. ¿Por qué no ha llegado nadie más al ensayo Sergei?

ALEKO

No se deprima Olga, estamos felices de tenerla como actriz invitada.

OLGA

Gracias.

ALEKO

Olga a mí me gusta ser actor. Me hace feliz, pero me da vergüenza ser feliz. Y si no ha llegado nadie a este ensayo es por hoy es un domingo sangriento.

OLGA

¿Qué día es hoy?

ALEKO

Nueve de enero de 1905, acuérdese de esta fecha. Cuando venía a este ensayo vi una marcha de trabajadores que terminó en matanza. Me da miedo que hayan matado a los demás actores de esta compañía. No sé si usted sabe pero parece que va a ver una revolución en nuestra patria. Y no me llamo Sergei, mi nombre es Aleko.

*(Alguien entra.)*

OLGA

¿Quién es?

MASHA

Masha.

ALEKO

¡Masha!

OLGA

Masha, actúa.

MASHA

¿Qué?

OLGA

La escena final de mi monólogo.

MASHA

¿Cómo es el texto Olga?

OLGA

*Oh, mi querido mi dulce...*

MASHA

Ah, sí... Un, deux, trois... *Oh, mi querido, mi dulce, mi bello jardín... mi vida, mi juventud, mi felicidad. ¡Adiós!... ¡Adiós! ... Una última mirada a las paredes, las ventanas... Nuestra pobre madre amaba caminar en esta habitación...*

ALEKO

Te salió sin alma.

MASHA

¿Qué?

ALEKO

Sin alma.

OLGA

Lo más verdadero que dijiste fue un, deux, trois. Masha, quiero verte actuar.

MASHA

¿De nuevo Olga?

OLGA

No, *actuar*. Escoge algo que este en tu repertorio de actriz, que te guste decir . . . y lo actúas para nosotros.

MASHA

*Ahora comprendo Kostia . . . lo importante es saber sufrir . . .*

*(Olga y Aleko ríen.)*

¿Sigo?

OLGA

Sí, sigue.

MASHA

*. . . sufrir. Aprende a llevar tu cruz y a creer . . .*

OLGA

Yo estoy intentando creer, pero me esta resultando muy difícil . . . Aprende a llevar tu cruz . . . eso te digo yo, la de ser mala actriz. ¿Estás con bronquitis? ¿Y entonces por qué respiras así? *(Burlándose) Ahora comprendo, ahora comprendo Kostia.* Pareces un fuelle. El público tiene que llorar por la belleza del texto, no porque la actriz se esta deformando sobre el escenario.

ALEKO

Olga, ¿le puedo hacer una pregunta técnica? Cuando Antón Chejov murió . . . hace seis meses . . . en sus brazos . . . delirando . . . de tuberculosis . . . después de un matrimonio tan corto y de haber estado tan poco tiempo juntos, mientras usted levantaba su carrera en el Teatro de Artes de Moscú, y él la esperaba sólo en Yalta . . . vomitando sangre . . . pulmones. Cuando Antón Chejov finalmente murió . . . ¿usted qué sintió?

MASHA

Olga, yo no le había dicho pero a mí los zapatos me quedan chicos, quizás por eso no puedo respirar bien.

ALEKO

Porque eso que usted sintió, Olga, ¿lo ocupa cuando se sube al escenario, para llorar, para actuar?

OLGA

No me acuerdo. No me acuerdo ... Me quiero ir ... Masha, ¿me puedes abrazar? ¡No me acuerdo! Sé que entró una polilla a la pieza la noche que Antón murió, pero no sé si la polilla entró antes o después que Antón dejara de respirar. También sé que Antón estaba sonriendo antes de morir, pero no me acuerdo ... ¿Ustedes podrían hacerme un favor? ¿Podrían actuar la muerte de Antón para mí? Es un favor Masha, ¡te estoy pidiendo un favor!

ALEKO

Olga, yo interpreto a Antón.

OLGA

Gracias Aleko.

MASHA

Yo también puedo interpretar a Chejov.

OLGA

¿Sí? *(A Masha)* A ver, tose. *(A Aleko)* Tose Aleko.

*(Aleko tose.)*

Tose Masha.

*(Masha tose.)*

*(A Aleko)* Tú vas a interpretar a Antón.

ALEKO

Gracias Olga.

OLGA

*(A Masha)* Tú vas a interpretar al doctor Schworer. El doctor Schworer tiene a Antón muy cerca y le esta diciendo unas palabras en alemán que yo no alcanzo a escuchar.

MASHA

Olga, yo no se hablar alemán.

OLGA

*(A Aleko)* Ella es actriz y no sabe hablar alemán . . . ¿entonces cómo piensas? Vas a hablar alemán porque el doctor Schworer era alemán. En ese momento tu le dices *ich sterbe*.

ALEKO

*(A Masha)* Me muero.

OLGA

En ese momento, Masha, le vas a inyectar alcanfor y luego le vas a pedir a Lev Rabeneck, un estudiante ruso de visita en Badenweiler que nos ayudó muchísimo ese día, que te traiga una botella de champaña. Te vas a tomar la copa, me la vas a pasar a mí . . . y luego él va a morir . . . va a morir, Masha. Gracias. Los dos son personas maravillosas. *(Toman sus posiciones)* ¡Acción!

*(Aleko tose.)*

MASHA

Soy el doctor Schworer.

OLGA

¡Doctor!

MASHA

*Ich brait sheit und wis if kurt nais kris yaikenshipnein* . . .

*(Habla en alemán inventado. Aleko se ríe.)*

Olga, yo no puedo seguir actuando, Aleko se está riendo de mi trabajo.

OLGA

¿Cómo se te ocurre parar la escena cuando la escena acaba de empezar? La que se esta riendo eres tú. ¿Me estas tomando por un payaso? ¿Soy tu bufón? ¿Cómo se te ocurre parar una escena cuando, la escena ya empezó? Un poco de respeto, por favor. Y no solo me faltas el respeto a mí, al escenario, al teatro, también le faltas el respeto a tu compañero que estaba absolutamente concentrado en escena. Y después me miras con cara de sorpresa cuando te digo que no tienes alma. ¿Te parece que es tener alma parar una escena en la mitad, cuando ya empezó?

MASHA

Olga, yo le quiero pedir disculpas por . . .

OLGA

Masha, por favor. ¿Me puedes dejar mi espacio? Estoy intentando recuperarme de lo que acaba de pasar. *(Pausa)* ¡Acción!

*(Retoman la escena.)*

MASHA

Soy el doctor Schworer.

OLGA

¡Doctor!

MASHA

¡Rápido Lev! ¡Champaña!

ALEKO

*(Toma champaña)* Hace tiempo que no tomaba champaña. *(Comienza a ahogarse y a toser)*

OLGA

¡Antón!

ALEKO

¡Cocodrilo! *(Muere)*

OLGA

No fue así. No . . . no fue así.

ALEKO

Olga, quizás no resultó por la escena en alemán, Masha no habla alemán.

MASHA

No, Aleko. Olga, según Lev Rabeneck usted no estaba sentada ahí, si no que parada allí.

OLGA

¿Sí? Gracias Masha, eres maravillosa. *(Sigue las instrucciones de Masha)*

MASHA

Según Lev Rabeneck un sonido extraño empezó a salir de la garganta de Antón. *(Aleko gime)* Todo estaba en silencio, la luz de la lámpara empezó a apagarse. El doctor tomó la mano de Antón y no dijo nada, parecía que Antón estaba fuera de peligro, que estaba mejorando. Pero el doctor dejó caer la mano de Antón, fue donde Lev Rabeneck y dijo, "Se acabó, Herr. Chejov ha muerto". Lev Rabeneck se acercó a Olga y dijo . . .

OLGA

No Masha.

MASHA

Olga . . .

OLGA

No quiero.

MASHA

Olga . . . *(Retomando el perosonaje de Lev)* Olga Leonardovna, el doctor dijo que Antón Chejov ha muerto.

OLGA

No doctor, no doctor . . . dígame que no es verdad, no doctor. *(Comienza a desmayarse)*

MASHA

*(Como el doctor)* ¡Olga! ¡Olga! *(Pidiendo ayuda)* ¡Lev! ¡Olga!

ALEKO

Disculpe Olga, ¿fue así?

OLGA

No, no fue así.

ALEKO

*(A Masha)* Párate, ¡párate! *(Ordenando una nueva escena)* La estufa, el vaso. Olga, yo soy Chejov. *(Tose)*

OLGA

No, no Antosha. Tú me prometiste que ibas a escribir una obra sobre un escritor que viaja a Moscú porque quiere ver a su mujer actuar los personajes que él escribió para ella . . . me lo prometiste.

ALEKO

Cocodrilo . . . no sabes cuánto quiero volver a Moscú.

MASHA

Aleko, Antón se mantuvo digno hasta el final.

ALEKO

Doctor, me muero.

MASHA

*(Retomando el personaje de doctor)* Rápido Lev, oxígeno.

ALEKO

No es necesario, cuando llegue voy a estar muerto.

MASHA

*(Interrumpiendo)* Olga, al día siguiente de la muerte de Antón el periodista ruso Grigori Borisovich Iollos, del diario moscovita *Russkie Vedemosti* la entrevistó en el hotel de Badenweiler. A la una de la mañana Antón empezó a delirar.

ALEKO

*(Como Chejov delirando)* Me imagino una revolución. Un día después de las huelgas, el zar, el césar ruso se va a vivir al campo y nos quedamos huérfanos, y hay una guerra, tenemos tanta hambre que la gente simple como yo tiene que comer carne humana. Hasta que un día vamos a la estación Finlandia a esperar un nuevo líder, un hombre calvo, eléctrico, relleno de aserrín, y con él entramos al museo francés junto al río Neva.

MASHA

*(Todos retoman los personajes)* Olga pone una bolsa de hielo junto al pecho de Antón. Antón dice ... no se pone hielo ...

ALEKO

No se pone hielo en un corazón vacío, ich sterbe, me muero.

MASHA

Olga saca la bolsa de hielo del pecho de Antón. La ventana esta abierta y se oye el canto de los pájaros. Olga abraza a Antón y lo besa dulcemente.

OLGA

¡No, no! ¡No! *(Lo abraza, lo besa y luego comienza a golpear a Aleko)*

ALEKO

Olga, le quiero pedir perdón.

OLGA

¿Por qué, Aleko?

ALEKO

Porque me enamoré de usted cuando la vi actuar *Las Tres Hermanas* hace un par de meses en Moscú. Me enamoré tanto, Olga, que me orino en la cama.

OLGA

Aleko, yo ya amé, yo ya quemé mi carbón y mi aceite.

ALEKO

Entonces sálveme Olga, perdóneme. Yo le deseaba la muerte a su Antón y mi deseo se cumplió. Olga, por favor perdóneme, soy una persona tan simple. Por favor perdóneme Olga.

MASHA

Permiso, voy a buscar hielo.

ALEKO

¡No, no te vayas! ¡¡No me dejes solo con ella!! Olga, soy una costra. No tuve zapatos hasta los trece años, tomaba leche de la teta de mi madre y de mi hermana sólo cuando tenían hijos. Mi padre me golpeaba, nunca lo vi sobrio y nunca me miró a los ojos. Me crió un cura en su casa porque decía que yo sabía cantar y porque en invierno no lloraba de hambre. Así era la vida en el campo, Olga, y era linda. Yo quise vivir en la ciudad, pero cuando llegué vi como unos borrachos mataron a palos a un caballo. Me agaché, le besé los ojos y quedé manchado de sangre, Olga. Igual que usted, manchado de sangre. Por eso cuando fui a verla al teatro, invitado por una mujer que me pagaba por amarla, me enamoré de usted. Porque es triste, porque representa más edad de la que tiene, porque sabe caminar, porque me gustaría ser así y vestirme así. Y desde que llegó a ensayar con nosotros tengo una erección permanente. Llevo dos semanas orinando en la calle, se me congela el pene, se me pone negro. La quiero . . . penetrar. La amo y quiero que usted me ame, pero usted no me va a amar porque soy pobre. No se confunda con mi cara de soldado, cuando esté desnudo se dará cuenta. Así somos los pobres, tenemos menos huesos y los pocos que tenemos son más grandes, somos disparejos. Tengo mordidas de ratón en los glúteos. Tengo olor a mujer donde debería tener olor a hombre y no sé amar sin querer golpear, matar, vomitar, rezar, tomar y volver a amar. El órgano más importante de mi cuerpo es mi apéndice y quiero metérselo en su riñón y verla sudar.

MASHA

¡Aleko!

OLGA

Siga, siga.

MASHA

¡Aleko!

ALEKO

No, ya terminé.

OLGA

Sucio, boquita de postre. No me puedo mover.

ALEKO

Es un monólogo que estoy ensayando basado es Dostoievsky. ¿Le gusto?

MASHA

¡Aleko!

OLGA

¿No me ama? *(Olga llora)*

ALEKO

No. *(Consolándola)* Olga, Olga, cualquiera se enamoraría de usted.

OLGA

¿Estaba actuando?

ALEKO

Sí.

OLGA

No actúe nunca más por favor. *(Olga pasa brúscamente del llanto a la risa)*

MASHA

*(Sorprendida)* Olga, usted es muy buena actriz.

OLGA

No. Era.

MASHA

Cuando usted ensaya yo puedo ver lo que piensa.

ALEKO

¿Y lo qué siente?

MASHA

Sí, también lo que siente.

OLGA

¿Tú sabes lo qué yo siento?

MASHA

Olga, ¿cómo es tan buena actriz? ¿Usted cree qué yo seria buena actriz si disfrutara el sexo?

ALEKO

¿Por qué Masha? ¿No disfrutas el sexo?

OLGA

Masha, no hables de eso delante de Aleko, yo no hablo de eso ni siquiera delante de una mujer.

MASHA

Yo necesito hablar de mí.

ALEKO

Olga, delante de mí pueden hablar, nosotros siempre hablamos de sexo.

OLGA

¿Sí?

MASHA

Sí.

ALEKO

Sí.

MASHA

Incluso una vez lo hicimos.

OLGA

¿Hicieron qué?

MASHA

Sexo.

ALEKO

Sexo.

OLGA

¿Sexo?

ALEKO

Sí, yo se lo hice a ella.

MASHA

Sí, fue en el verano, en un camarín del teatro. Estábamos senta-
dos en una silla. *(Aleko indica la silla en que está sentado)* Sí, en
esa silla. Pero no lo disfruté.

ALEKO

Yo sí lo disfruté, Olga. Pero se lo hice sólo para que pudiera
actuar mejor, porque tenía que interpretar el papel de una mujer
que se apasiona por un campesino.

MASHA

Un minero.

ALEKO

Un minero, un campesino, es lo mismo.

OLGA

¿Y te sirvió?

MASHA

Sí, entendí que si una no disfruta, puede pensar en otro hombre mejor y así enfermarse del alma y sufrir . . . *(Pausa)* Olga, ¿es verdad qué usted no dejaba que Antón tuviera sexo con usted porque él tenía tuberculosis?

OLGA

¿Eso se habla? ¡Actores! . . .

ALEKO

¿Pero se contagió o no?

OLGA

¡¡No!! *(Pausa)* Había veces cuando hacíamos el amor que Antón tosía y vomitaba sangre, pero yo seguía besándolo. ¿Qué iba a hacer . . . rechazarlo?

MASHA

¿Piensa en eso cuándo tiene qué hacer escenas de amor?

OLGA

No . . . jamás.

MASHA

Aleko dice que eso sirve.

OLGA

¿Sí?

ALEKO

Sí, yo creo que sí, que sirve. Por ejemplo, Olga, si uno tiene que decir "te amo" y no lo siente, uno se acuerda de alguien a quien amó.

OLGA

¿Y si la persona es otra?

ALEKO

La reemplaza en la mente.

OLGA

¿Cómo?

MASHA

Da un ejemplo Aleko.

ALEKO

Por ejemplo . . . "madre perdóneme . . . córteme la mano."

*(Masha ríe.)*

OLGA

No, no te rías, ¿por qué te ríes? Eso estuvo muy bien actuado.
¿En qué pensaste Aleko?

ALEKO

En mi madre cuando le pegué en la cara.

OLGA

¿Le pegaste a tu madre en la cara?

ALEKO

No Olga, eso también me lo imaginé.

OLGA

Eres muy buen actor Aleko. Se lo imaginó, Masha. Tu compañero es muy buen actor.

ALEKO

Gracias Olga.

MASHA

Aleko no es buen actor Olga, es noble, es millonario, por eso hace lo que hace.

ALEKO

Sí Olga, soy noble, soy millonario. Crecí entre perros que comían en la mesa lo mismo que yo.

MASHA

Si conociera a la madre de Aleko, Olga.

ALEKO

¿Qué tiene mi madre? Mi madre tiene dientes de marfil de la india, Olga. Crecí vestido de marinerito hasta los once años.

MASHA

Tenían un teatro en la casa . . . un teatro.

ALEKO

Sí, teníamos un teatro, Olga, un teatro privado y un actor, un actor que había sido siervo y que me enseñaba a actuar. Decía que actuar era como sufrir por amor, era sentimental y siempre tenia los ojos llenos de lagrimas. Gracias a él me vine a San Petersburgo y me convertí en actor.

MASHA

Para irte de vacaciones a Francia.

ALEKO

Sí, me iba de vacaciones a Francia, me iba de vacaciones a Francia. ¿Sabes lo qué me pasó en Francia? Vi un guillotinamiento; la gente es tan simple. Por eso siempre estoy borracho, con la lengua morada, por eso despierto dos veces por semana tirado en la calle, sin ropa. Olga, deberíamos volver a vivir como cristianos, acabar con el progreso. Yo viviría con mis hijos y sus madres en el campo, aunque sean unas viejas de quince años. Las haría orar para que dios las convenza de que las violé por amor y que todos esos niños, que son mis hijos, son fruto de una pasión celestial. ¿Me quiere ver actuar?

OLGA

Sí.

ALEKO

¿Alguna escena en particular?

OLGA

Algo de mi vida. ¿Podrías actuar lo qué le paso a Masha Chejova, la hermana de Antón, cuando supo qué nos íbamos a casar?

ALEKO

*(Como Chejov)* Masha, hermana, me voy a casar.

MASHA

*(Como Masha Chejova)* No.

ALEKO

Pero vas a vivir con nosotros.

MASHA

No. ¿Para qué te vas a casar si yo te lo doy todo?

ALEKO

Tú eres mi hermana.

MASHA

¿Y . . . ?

ALEKO

¿Cómo "y . . ."?

MASHA

¡Y . . . !

ALEKO

¿"Y . . ." qué?

MASHA

Y . . . que yo te cocino, te limpio, te escribo cartas, te mato los gatos con la escopeta, te inspiro, me río de tus cuentos . . .

ALEKO

Pero Masha, yo quiero casarme y tener intimidad con una mujer.

MASHA

¡Asqueroso! ¿Para qué? Te puedes seguir masturbando en tu jardín como lo haces siempre.

ALEKO

Quiero una mujer.

MASHA

Yo soy una mujer.

ALEKO

Una mujer que yo pueda besar.

MASHA

A mí me puedes besar . . .

ALEKO

¿Con lengua?

MASHA

¡A mi también!

ALEKO

¿Tocándote los pechos?


MASHA

¡No! Degenerado . . . eres mi hermano. ¿Me quieres tocar los pechos? ¡No! . . . Bueno, tócame los pechos, hazme lo que quieras. Pero no te cases . . . Nadie te va a querer como yo te quiero.


ALEKO

Sí sé.


MASHA

¿Y?


ALEKO

Pero quiero probar.


MASHA

¿Probar qué?


ALEKO

Probar . . . no sé, tener esposa, tocarla, dormir con ella, contarle mis problemas . . .


MASHA

¡Pero qué problemas tienes tú si yo te soluciono todo, Antón!


ALEKO

Toser. Ese problema. Tener tuberculosis, miedo a morir, eso.


MASHA

(Pausa) Esa gorda, esa vieja, turnia, coja, jorobada, Olga Knipper, mal vestida, títere descosido de Nemirovich-Danchenko y Stanislavski, gallina, pastora, sepulturera. La odio. Actriz, fascinerosa, cuando se para sobre el escenario sale olor a león.

ALEKO

María . . . Masha: yo te amo, pero no te amo . . . estoy enamorado de Olga.


MASHA

Antón, Antosha: ¿Por qué crecimos? Éramos tan felices cuando chicos y jugábamos en el barro. Quiero volver a ser chica Antón. Elígeme a mí, yo te conozco de antes.


ALEKO

Tienes que conseguirte un novio Masha.


MASHA

¿Sabes lo qué quiero? Quiero que te cases con ella, que le escribas obras y que la conviertas en una diosa, y que la mantengas lejos, en Moscú, y que llores su ausencia. Y que tosas cada vez más, y que te des cuenta que la que finalmente se quedó al lado tuyo fui yo, y que el sexo y sus cochinadas que tu tanto querías no significaron nada. Y que un día te mueras, y que ella sufra, ahogada en culpa, y que engorde, y que ya no pueda actuar. Y yo me voy a quedar en esta casa y voy a dejar todo igual hasta que se convierta en un museo. Me voy a convertir en una giganta egoísta y tu jardín se va a secar. *Oh, mi querido, mi dulce, mi bello jardín . . .*


ALEKO

Masha, Mashenka, estás enferma: no tomes más alcohol, no fumes tabaco, no comas pescado. Toma aspirina, inyéctate arsénico debajo de la piel de la espalda. Y si eso no funciona espera hasta que seas vieja y todo esto pase y lleguen las verdaderas enfermedades.


MASHA

*(A Olga)* Cerda, alemana vil, te las arreglaste para atrapar a mi hermano. Si te conviertes en la Natasha de *Las Tres Hermanas*,

te voy a estrangular con mis propias manos. No te voy a morder la garganta, sólo te voy a estrangular . . . Me quiero suicidar, mi vida ya no tiene sentido por culpa del matrimonio de mi hermano . . . ¿Por qué Olga tenía qué molestarse y complicar todo por un hombre enfermo? Es tan raro que te vayas a convertir en una Chejov. Olga, Olechka, sabes que te adoro . . . me he acercado tanto a ti en los últimos dos años . . . Por favor, encuéntrame un novio rico y generoso.

OLGA

Deja de hacer tantas clases Masha. ¿Por qué no te enamoras?

MASHA

¿Yo? Nunca me he enamorado. Yo, Masha. La envidio Olga, aunque se le haya muerto su Antón.

OLGA

¿Te ha pasado alguna vez qué te gusta tanto alguien qué sufres con la idea de que esa persona algún día se va hacer vieja y va a morir?

MASHA

Olga . . .

OLGA

Eso estuvo muy bien, muy bien Aleko. Tenemos que hacer teatro.

ALEKO

Sí, tenemos que hacer una obra que nos cure el alma.

OLGA

Cuando se seque la nieve hay que hacer teatro.

MASHA

¿Por qué? ¿Tienes el alma enferma Aleko?

OLGA

Eres muy buen actor, Aleko. Masha, eso estuvo muy bien. Tenemos que hacer teatro.

MASHA

¿Por qué no actúa, Olga?

OLGA

¿Yo?

MASHA

Sí.

OLGA

¿Para qué?

MASHA

Para que pruebe si ahora le sale.

OLGA

¿Qué piensas tú Aleko?

ALEKO

Sí, pienso que sí.

OLGA

*Cuando veas a Trigorin no le digas nada, lo amo, lo amo incluso más que antes. Kostia, ¿te acuerdas? Que brillantez, que calidez, que juventud, que felicidad, que sentimientos . . . como tiernas y delicadas flores . . .*

ALEKO

Olga, quizás debería volver a hacer el amor. Quizás así vuelva a sentir.

OLGA

¿Y qué pasa si hacer el amor con otro hombre me hace sentir bien?

MASHA

Entonces se va a sentir asquerosa.

OLGA

¿Sí?

ALEKO

Lo podría hacer conmigo.

OLGA

Bueno.

ALEKO

¿Bueno?

MASHA

Aleko, ¿le vas a decir las mismas cosas bonitas qué me dijiste a mí?

ALEKO

Masha, ¿qué cosas?

MASHA

¿Que yo era la mujer más linda del mundo y que querías tener hijos conmigo?

ALEKO

Masha, ¿lo tenía erecto?

MASHA

¡Aleko!

ALEKO

Entonces no vale.

OLGA

¿Y a mí me vas a decir las mismas cosas que le dijiste a Masha?

ALEKO

Si usted quiere . . .

OLGA

Sí. Quiero. Y quiero que me diga más cosas. Dígame que me ama, dígame que estoy delgada, que represento menos edad de la que tengo, que mis pechos están duros que me va amar incluso cuando actúe mal. Dígame que soy su pequeña cocodrila, su querida luterana, abráceme fuerte y quiébreme dos costillas, ahógueme y hágame llorar. Quiero que se muerda la lengua, que tosa sangre y que me diga que es Antón, que va a vivir muchísimos años y que vamos a tener tres hijas.

MASHA

Mataron al ministro Vyacheslav von Plehve.

OLGA

¿Cómo?

MASHA

Le tiraron una bomba dentro de un coche, fue Yegor Sozonov un socialista revolucionario.

OLGA

Que horror. Pero yo no supe nada de eso . . .

MASHA

Fue hace seis meses, Olga.

OLGA

Se acababa de morir Antón.

ALEKO

Ya han matado a mucha gente.

MASHA

Era el jefe de la policía secreta y un antisemita, que se lo coman los perros.

ALEKO

Era un ser humano.

MASHA

Aleko es cristiano Olga.

OLGA

¿Sí? ¿Eres cristiano? ¡Pero eres un buen cristiano? Ayúdame, por favor. Actúa de nuevo para mí la muerte de Antón. Pero delira.

ALEKO

Me imagino una revolución, Olga. Imagino que la ciudad cambia de nombre, que se llama Petroneva o Nevagrado o Antonchejovgrado. Imagino que hay otra guerra, una guerra blanca en invierno. Y nos mandan a trabajar a Siberia. Hace tanto frío en Siberia y no hay tiempo para leer. Imagino que un nuevo hombre, un nuevo líder, el que tiene los dedos manchados de grasa nos cubre de rojo. Imagino que todos esos soldados, obreros y campesinos, mueren y flotan en el río, los mató el nuevo zar, el nuevo césar. Y yo solo quería vodka, champaña, fusiles, cebollas, libertad sin dios y bosques. Imagino que sigo queriendo a Rusia. Imagino que ganar una guerra patriótica y poner una perra volar por el cosmos va a ver valido la pena. Estoy enamorado de Rusia.

MASHA

Yo también pienso en Rusia.

OLGA

Tenemos que hacer una fiesta.

MASHA

Sí.

ALEKO

¿De nuevo?

MASHA

Eso no fue una fiesta.

ALEKO

Para mí sí fue fiesta.

OLGA

¿Cual no fue fiesta?

ALEKO

Cuando la recibimos en el foyer de este teatro.

OLGA

¿Con champaña?

MASHA

Eso no fue fiesta.

ALEKO

Para mí sí fue fiesta.

OLGA

Una fiesta es otra cosa.

ALEKO

Para mí sí fue una fiesta. Comimos galletas, tomamos vino.

MASHA

Champaña.

ALEKO

Bueno, yo tomé vino.

MASHA

¿Cuándo tomaste vino?

OLGA

A mí no me dieron vino.

ALEKO

Bailamos . . . yo bailé.

OLGA

Bailaste conmigo.

MASHA

¿Cuándo?

ALEKO

Tú estabas en el baño.

MASHA

No.

ALEKO

Bueno, entonces estabas mirando para otro lado.

MASHA

¿Qué bailaron?

OLGA

¿Una polonesa?

MASHA

Sí, tenemos que hacer una fiesta.


OLGA

Sí, tenemos que hacer una fiesta, pero no aquí, en otro lugar.


MASHA

En un lugar que sea más grande.


ALEKO

Lo podemos hacer en la casa de Andrei.


OLGA

¿Tiene espacio para una fiesta?


MASHA

Sí, vive arriba del restaurant de su hermano.


OLGA

¿Y cómo es el restaurant?


MASHA

Pobre, pero limpio.


ALEKO

Como Masha.


MASHA

También lo podemos hacer en un lugar rico y sucio.


OLGA

Como Aleko.


ALEKO

Sí, Olga. Rico y sucio como le gustan a usted.

MASHA

Tenemos que invitar a Sergei para que toque el arpa. Aleko, ¿me vas a sacar a bailar?

ALEKO

No, voy a estar bailando con Olga.

OLGA

Sí, pero yo voy a estar pensando en otra persona.

ALEKO

Ya sé en quien. Me voy a poner vino en la boca y voy a hacer . . . *(Tose, imita a Chejov) Nunca más actúes Olga, nunca más te enamores, nunca más bailes, no tienes derecho a ser feliz.*

OLGA

Masha, ¿alguna vez te han dado ganas de matar a alguien?

MASHA

Sí. Me dan ganas de quemar todo, Olga.

OLGA

Pero yo perdono a Aleko. Me encanta su sentido del humor.

ALEKO

Gracias.

OLGA

Tenemos que hacer una fiesta.

ALEKO

Sí, tenemos que hacer una fiesta, una fiesta sangrienta. Quiero hacer un brindis. Quiero hacer un brindis por la zarina que se levantó alegre y dijo: Nicolás, esta nevando, quiero navegar por el Neva. Y cuando la zarina se levanta y se para en la cubierta de su barco le gusta ver Rusia. Y ahí corren los soldados y le construyen pueblos completos a la orilla del río. Porque nuestra ciudad, Olga, es muy bonita, es una escenografía; la gente sale a la calle y se disfraza de pobre, porque aquí somos todos millonarios.

OLGA

Yo también quiero hacer un brindis. Por nuestra familia real. Por la zarina que es alemana como yo, para que tenga un hijo hombre y sano.

MASHA

Yo también quiero brindar. Quiero brindar por nuestro director, que todavía no llega. Quizás este en la calle defecado, muerto, duro.

OLGA

Masha no seas ridícula, estamos festejando.

ALEKO

Sí, Masha. No hables así de nuestro director.

MASHA

Si yo lo amo, Aleko. No, lo *amaba*.

OLGA

Pero si no está muerto.

ALEKO

Yo quiero brindar por Gapón.

OLGA

Me encanta Gapón, es un actor tan sensual. *(Masha ríe)*

ALEKO

No, Olga. El padre Gapón, el sacerdote que organizó la marcha de los trabajadores hoy en la mañana.

OLGA

*(A Masha)* Te da risa, te da risa que yo no sepa quien es Gapón. Pero entonces ríete, pero ríete más fuerte, ríete fuerte, si te vas a reír de mí, ríete fuerte. Que todo San Petersburgo se entere de lo cretina y estúpida que es Olga Knipper, que no sabe quién es Gapón. *(Llorando)* Yo no tengo porque saber quién es Gapón, ¿por qué tengo qué saber quien es Gapón? ¡Yo vengo llegando de Moscú!

ALEKO

Olga, siéntese, siéntese. Olga, el padre Gapón es el sacerdote que organizó la marcha de los trabajadores hoy en la mañana.

OLGA

¿Para qué?

MASHA

Cuéntale Aleko.

OLGA

¡Cállate! *(A Aleko)* ¿Para qué?

ALEKO

Olga, hoy en la mañana los trabajadores le llevaron una carta al zar.

OLGA

¿Y qué decía la carta?

MASHA

Cuéntale Aleko.

ALEKO

¡Cállate, cállate!

OLGA

¡Cállate, por favor!

ALEKO

La carta pedía justicia, protección, decía, "Nos sentimos empobrecidos, oprimidos, nos tratan con desprecio, el despotismo nos esta sofocando".

OLGA

*(Olga se rie, su llanto era un actuación)* No, Aleko, de verdad. ¿Y qué hizo el Zar?

ALEKO

Nada. Sus oficiales sacaron doce mil soldados a la calle. El padre Gapón detuvo la marcha y le pregunto a los trabajadores, que eran leales al Zar, "Camaradas, ¿se atreverá la policía y los soldados a detenernos?" Y ellos contestaron que no. Y el padre Gapón les dijo, "Camaradas, es mejor morir por vuestras peticiones que vivir como hemos vivido".

MASHA

Vamos a morir padre.

ALEKO

¡Cállate! ¡Cállate!

MASHA

Eso es lo que dijeron, cuéntale Aleko.

ALEKO

Le contestaron: *moriremos*. Pero cuando la procesión llegó a las puertas del Narva, el escuadrón de la caballería derribó la columna y la infantería disparó sobre la masa de gente. Cuando el padre Gapón vió esa masacre se paró en el medio de la calle y gritó, "Ya no hay dios, ya no hay zar".

OLGA

¿Donde esta el padre Gapón ahora?

ALEKO

No sé.

OLGA

¿Murió?

MASHA

No, Olga. No está muerto.

OLGA

¿Y tú cómo sabes eso?

MASHA

Yo estuve con el padre Gapón antes de llegar a ensayo. En la casa de Gorki.

OLGA

¿Tú estuviste en la casa de mi amigo Máximo Gorki?

MASHA

Gorki me llamó. Necesitaban una actriz que supiera de maquillaje. Tenían que sacar al padre Gapón de la ciudad. Yo lo pinté de mujer y le puse una peluca.

OLGA

¿Y donde esta el padre Gapón ahora?

MASHA

No sé Olga. Me imagino que debe estar caminando por las calles, buscando a su gente . . . o flotando en el río Neva . . . no sé.

OLGA

¿Y cómo estaba Gorki?

MASHA

Bien. Yo le dije, que si había estreno el próximo sábado en este teatro, que la viniera a ver.

OLGA

¿Qué?

MASHA

Quería verla actuar.

OLGA

¿Pero por qué le dijiste eso a Máximo Gorki, Masha? ¿No te das cuenta que yo ya no puedo actuar? ¿No te das cuenta que desde que murió Antón yo soy incapaz de decir una línea bien? Pero eso tú no lo entiendes porque tú nunca has amado, pero yo sí, yo amé, amé, y siempre fui una mujer celosa . . . que enferma . . .

MASHA

Yo también soy una mujer celosa, Olga.

OLGA

Masha, ¿te molestó mucho qué yo haya llegado a trabajar como actriz a tu compañía, a este teatro?

ALEKO

Olga, se enrolló en la cortina a llorar de rabia, porque se pone celosa de mí.

MASHA

Sí, lloré. Pero yo la quería conocer, Olga. Quería aprender de usted.

OLGA

Masha, tú eres como yo cuando tenía siete años. A esa edad yo tampoco me había enamorado y también era virgen . . . tú le habrías encantado a Antón. Si él estuviera aquí yo estaría llorando de rabia enrollada en una cortina de este teatro.

MASHA

¿Yo le habría gustado?

OLGA

Le habrías encantado, te habría escrito una obra.

MASHA

¿Cómo se habría llamado?

OLGA

*Nieva.*

MASHA

*¿Neva?*

OLGA

No, *Nieva* . . . *(Pausa)* ¿Quién se ha dado besos con quien en esta compañía?

MASHA

Nadie con nadie.

ALEKO

*(Irónico)* No Olga, no nos gusta hablar de eso.

MASHA

Es privado, Aleko.

ALEKO

¿Es propiedad privada?

MASHA

No, no es propiedad privada, es personal, es secreto.

OLGA

Lo siento mucho Masha, yo solo pregunto porque me gusta saber como es la gente con la que trabajo, pero lo privado no me interesa.

MASHA

Personal.

OLGA

Eso, lo privado . . . entonces hablemos de otra cosa. *(Pausa)*

ALEKO

¿Olga, usted sabía que el director de nuestra compañía fue cantante de ópera?

OLGA

¿Ah, sí?

ALEKO

Sí. *(Pausa)* Y también dejó embarazada a la boletera del teatro.

MASHA

¡Aleko!

OLGA

¡No! Pero eso es terrible. Esa niña debe tener dieciocho años.

MASHA

Tiene catorce años, Olga.

OLGA

¡Catorce! Pero Masha, eso es un abuso. Que decepción del director de su compañía, me parecía un hombre tan reservado, tan digno.

MASHA

Reservado . . .

ALEKO

Digno . . .

OLGA

Además que es tan bajo y tan flaco. ¿Fue cantante de ópera?

ALEKO

Pésimo.

OLGA

No me imagino como esa niña tan rosada pudo fijarse en él. Quizás la violó.

ALEKO

Parece que le pagó.

OLGA

¡No! Yo no voy a ser parte de esta conversación en la que ustedes hablan tan mal del director del teatro. Me parece asqueroso.

MASHA

Olga, tiene que aconsejar a Aleko.

OLGA

Masha, no me estas entendiendo. No voy a ser parte de una conversación de este tipo, está mal.

MASHA

Es que lo tiene que convencer de que no le cuente nada a su novio.

OLGA

Yo no tengo novio, yo ya quemé mi carbón y mi aceite.

MASHA

¡No, Olga! Al novio de la boletera.

OLGA

¿Tiene novio?

MASHA

Sí.

OLGA

¿Quién es?

MASHA

Es actor de esta compañía.

OLGA

¿Quién?

MASHA

Osip . . . el que hace de criado, de campesino.

OLGA

¿El gordo?

MASHA

No le diga gordo, Olga.

OLGA

¿Pero por qué? ¿Se ofende? Yo lo veo gordo.

MASHA

Osip sufre. Siempre esta tratando de adelgazar. Hay meses en que sólo toma vodka y come pan, pero engorda más. No sé por qué esa niña se acostó con el director.

ALEKO

El problema es que el gordo está feliz porque cree que el niño es de él, pero cuando vea que el niño es flaco como el director se va a morir de pena. Yo creo que hay que decirle la verdad.

MASHA

No Aleko. Tú no tienes que decirle nada. La boletera esta enamorada de Osip.

ALEKO

Es un engaño, Masha.

MASHA

¿Cómo sabes si el hijo es de Osip?

ALEKO

No, no creo, el director es un sátiro.

OLGA

¿Y el director tiene esposa?

ALEKO

No, dice que su familia somos nosotros. Nos ama. Ahora vive con su hermana y tiene dos hijos con ella.

OLGA

¿Qué?

ALEKO

Con la hermana.

OLGA

¿El director tiene dos hijos con su hermana?

MASHA

Con la hermana, Olga . . . y los trae a ensayo. Los niños son normales pero tienen los ojos separados.

ALEKO

Como cordero.

MASHA

Como pescado. Yo le digo a Aleko que no tiene que decir nada, Olga. Que Osip sea padre y quizás así solucione sus problemas.

OLGA

Sí, Aleko. No tienes que decir nada.

ALEKO

Olga, yo no voy a ser parte de una mentira.

OLGA

Ya, basta Aleko, suficiente. Somos humanos, somos personas débiles, somos frágiles. Deja vivir al pobre gordo.

MASHA

Osip.

OLGA

A Osip. Déjalo vivir. Mírame. Cuando me miras, ¿qué ves?

ALEKO

Veo a la mejor actriz del mundo.

MASHA

Imbécil.

OLGA

¿Qué ves? Ves a Olga Knipper, una mujer quebrada, una ex todo, un pellejo de reptil. No, no me juzgues, no te burles de mí, tienes que hablar bien de mí y decir que siempre estuve enamorada de Antón y que soy un ave, un ave simple.

ALEKO

Olga, usted siempre estuvo enamorada de Chejov y es una gaviota.

OLGA

Cuando llegue Osip no le vas a decir absolutamente nada.

*(Pausa.)*

MASHA

Olga, ¿se acuerda de Sasha?

OLGA

No.

MASHA

La alta, la que hace de Irina.

ALEKO

La cantante.

MASHA

La que canta bonito. *(Canta) Sopla y sopla el viento . . .*

OLGA

Ah, sí.

MASHA

Es muy buena actriz Sasha.

OLGA

No me parece que sea tan buena actriz.

MASHA

No es tan buena actriz como Olga Knipper.

ALEKO

Es muy buena actriz, Olga. Cuando llega tarde se enoja y da miedo.

MASHA

Mira, pregúntame porque llegué tarde.

ALEKO

Sasha, el ensayo era a las doce. ¿Por qué llegaste tarde?

MASHA

Qué, qué, qué, qué, qué, qué.

ALEKO

Sí, es verdad. Dice todos los "qué" con distinto matiz.

MASHA

Es muy buena actriz.

ALEKO

Yo la encuentro muy bonita.

OLGA

Pero tiene cara de hombre.

ALEKO

Sí, por eso hace muy bien los papeles de mala. Además fuma, escupe y tose.

MASHA

Como tuberculosa.

OLGA

¿Y cómo tosen los tuberculosos Masha?

MASHA

Perdón.

ALEKO

Aunque esté nevando sale a fumar a fuera con Yegor.

OLGA

¿No deberíamos salir a la calle a buscarla?

MASHA

No.

ALEKO

*No, no.*

MASHA

*No, no.*

ALEKO

*No, Shuvochka, no lo hagas. ¿Para qué?*

MASHA

*Te amo locamente, sin ti mi vida no tiene sentido, no tiene felicidad. Tú lo eres todo para mí.*

ALEKO

*No lo hagas Shuvochka . . . no entiendo nada, dios mío Shuvochka, no lo hagas.*

OLGA

*En mi niñez tú fuiste toda mi felicidad, te amaba a ti y a tu alma como a mi misma. Ahora llenas mis pensamientos día y noche y eso me impide vivir. Te amo Nicolai Alekseevich.*

ALEKO

*¿Qué significa esto, dios mío? Esto significa que tengo que recomenzar mi vida desde el principio, ¿eso significa Shuvochka? Tengo que retomar mi vida, mi flor, mi juventud.*

MASHA

*Te prometo todo mi amor, toma mi mano. Ya van a venir tiempos mejores. Sé valiente y mira lo valiente y feliz que soy yo.*

OLGA

Eso está bien, Masha. Porque dice que es feliz pero llora.

ALEKO

Te salió precioso.

MASHA

Gracias, mi público. Quiero dedicar esta función a Olga Knipper, la famosa actriz que nos visitó del Teatro de Artes de Moscú, pero que ayer fue encontrada muerta, flotando en el río Neva.

OLGA

Pobrecita, Olga Knipper, fue tan feliz y murió tan triste. Salió a tomar el aire, tosió, vomitó sangre y se tiro al Neva. Fin.

MASHA

¿Olga, usted es valiente?

OLGA

Sí, creo que sí. Se necesita mucho valor para vivir la vida como la pienso vivir. Nunca me voy a volver a enamorar, me voy a morir sola, me voy a rebalsar de vodka y me voy a poner roja como una cebolla. Voy a dar lástima, se van a reír de mí. Voy a dar pena. La gente va a decir que ya no puedo actuar, que me tiritan las manos, que se me olvidan mis líneas. Me van a recetar cocaína, como si yo fuera una morfinómana. Las mujeres y las demás actrices van a decir que Antón se llevo mi talento a la tumba cuando murió en Badenweiler. Nunca voy a volver a pisar un escenario y me voy a envenenar de envidia al saber que actrices como tú van a ponerse mis zapatos.

MASHA

Usted es feliz Olga. Quizás no se de cuenta ahora, pero usted es feliz.

OLGA

Aleko, delira. Pero delira más.

ALEKO

No te quise tanto Olga. Tuve gonorrea. Si tuviera que elegir entre mi hermana y tú no sabría que decir. No le tengo miedo a la muerte. Lo que pasa es que en mi vida fui incapaz de decidir si creía en dios o no. Pero sí te quise tanto Olga. Lo que pasa es que me estoy muriendo y solo puedo pensar en mí y en Rusia.

OLGA

No te preocupes. Antón. Muy pronto me voy a olvidar de ti y de cómo moriste . . . y en cien años nadie se va a acordar de nosotros.

MASHA

Yo también desconfió de esos bolcheviques de mierda.

OLGA

¿Qué esta pasando en nuestro país?

ALEKO

Los revolucionarios se pusieron a matar gente.

MASHA

Sí, y el zar ha matado muchos más.

OLGA

¿Por qué tanta muerte?

MASHA

Porque queremos enterrar al zar, queremos que gobierne el pueblo.

ALEKO

Y elegir un parlamento.


MASHA

Sí, pero no para que gobiernen los nobles, tus tíos y tus primos. Si no para que no gobierne nadie. Queremos disolver el ejército, quemar el dinero.


ALEKO

Olga, Masha acaba de descubrir que el zar no es el rey benevolente que todos creíamos que era.


MASHA

No Aleko, tú lo acabas de descubrir. Olga, ahora Aleko va a defender al zar, va a decir que los burócratas son los malos, que la marcha de hoy la organizaron agentes extranjeros y que el padre Gapón es un agente extranjero.


ALEKO

Nadie esta defendiendo al zar, Masha.


OLGA

Masha, Aleko no esta defendiendo al zar, eso es ridículo. Todos ya sabemos que el zar es ciego, estúpido y cobarde. Antón siempre decía que ya nadie cree que vayamos a ganar la guerra contra Japón. Todo el mundo ya se dio cuenta que nuestros generales son unos ebrios y que no saben pelear.


MASHA

Eso, Olga. Que viva Japón y que muera el imperio Ruso.


OLGA

Yo no dije eso.

ALEKO

Que nadie te escuche decir eso, Masha. ¿Eso es lo que quieres? ¿Quieres guerra, quieres muerte?

MASHA

La última guerra va a ser la guerra de clases, Aleko. Va a haber una revolución. Hasta los marinos del Mar Negro se están rebelando porque los obligan a comer carne agusanada.

OLGA

Eso es verdad, Aleko. En nuestro país la gente ni siquiera tiene para comer. ¿Y el zar qué hace? Toma té y sale a cazar pájaros.

ALEKO

No sólo él, Olga. Masha también toma té, caza moscas y no sabe lo que quiere. Está esperando que sus líderes revolucionarios vuelvan de su exilio en los cafés de París y Ginebra.

MASHA

Esos no son mis líderes, Aleko. Yo no tengo líderes, y sí se lo que quiero. Quiero ver llorar al zar cuando se de cuenta que sus súbditos ya no lo aman. Y quiero votar, y quiero nacer de nuevo para haber crecido en tu casa y tener ese teatro maravilloso.

ALEKO

No, porque serías como yo, pensarías que está mal tirarle barriles con pólvora a la gente que sabe bailar vals.

MASHA

Ah, ¿eso está mal?

OLGA

Eso está mal, Masha.

ALEKO

Mucha gente piensa como Masha, Olga. A ver, contéstame: ¿Cómo vamos a parar los asesinatos, los linchamientos, los saqueos . . . como vamos a mejorar el carácter del pueblo?

MASHA

Con una huelga general.

ALEKO

¡Qué buena idea!

MASHA

Hay que terminar con los millonarios que permiten que todo esto siga así.

ALEKO

Olga, Masha a veces se levanta con ganas de matar nobles.

OLGA

¿Eso es verdad, Masha?

MASHA

Sí, pero se me pasa después del almuerzo. Aunque me quedan las ganas de quemar haciendas y entregárselas a los colectivos de campesinos para que cultiven la tierra.

ALEKO

¿Y saben cultivar la tierra?

MASHA

Saben Aleko, claro que saben. Y mientras ellos cultivan los nobles como tú salen a cazar y leen la Biblia.

ALEKO

Quememos haciendas entonces, quememos haciendas. Hay algunas dachas que tienen bibliotecas y teatros privados.

MASHA

Hay muchas cosas que tienen que arder, Aleko.

OLGA

¿Qué más tiene qué arder, Masha?

MASHA

Las iglesias, los museos, las cárceles y alguna gente.

OLGA

Te ves tan inofensiva y mira lo que estas diciendo.

MASHA

Pero soy maldita, yo podría matar a alguien en la calle si me mira feo.

ALEKO

No le crea, Olga. Se pone a llorar cuando llueve y los perros se mojan. Toma vino y dice que todos somos hermanos y que el amor va a salvar a Rusia.

OLGA

No quemes nada, Masha, quizás el zar se arranque a Londres y no sea necesario quemar absolutamente nada.

MASHA

Quizás el zar se quede aquí matando gente pobre.

OLGA

Bueno, quizás sí.

MASHA

¿Cómo qué "quizás sí"?

OLGA

Bueno, pero necesitamos un gobierno. El ejército y la nobleza saben gobernar. Lamentablemente nuestros pobres toman y después van y le pegan a sus mujeres.

MASHA

No, Olga.

OLGA

Por eso primero tenemos que darles educación, para que en el futuro esas personas puedan hacer gobierno. Pero primero hay que darles educación.

ALEKO

Lo que pasa es que Masha cree que los pobres son buenos porque son pobres.

OLGA

¿Y qué crees tú, Aleko?

ALEKO

Yo creo que tenemos que volver a vivir al campo, simplemente. Tenemos que trabajar la tierra, estudiar y rezar. Y cuando seamos viejos, caminar a un convento, encontrarnos con dios y morir. Lo que pasa es que el dinero nos ha hecho pobres, Masha. Olga, deberíamos irnos de San Petersburgo y empezar todo de nuevo.

MASHA

Todo lo que Aleko sabe de política lo sacó del Sermón de la Montaña.

OLGA

No quemes nada, Masha. Quizás Rusia se encienda sola. Pase lo que pase siempre vamos a tener el arte. Quizás pase mucho tiempo y todo siga igual. Siga habiendo pobres, siga habiendo ricos, siga habiendo soldados disparando a la gente en la calle. Pero siempre vamos a poder seguir soñando y vamos a poder seguir diciendo: nada cambia, todo sigue igual, hay que quemarlo todo.

MASHA

Olga, yo a usted la admiro, la encuentro una estupenda actriz, ya se lo he dicho, pero usted no está entendiendo nada.

OLGA

¿Qué es lo qué yo no estoy entendiendo, Masha?

MASHA

Las cosas van a cambiar ahora.

OLGA

¿Qué va a cambiar?

MASHA

Va a haber una revolución en nuestra patria. Finalmente vamos a ser libres, la gente va a ser solidaria, no va a haber ricos. ¡Despierte Olga, despierta Aleko, no va a haber ricos!

ALEKO

Tiene razón Masha, Olga . . . vamos a ser todos pobres.

OLGA

*(Canta) Sopla y sopla el viento* . . . Este teatro tan vacío me da miedo.

ALEKO

Yo una vez me quede solo aquí de noche, pero no pude dormir porque sentí que alguien tosía.

OLGA

¡Aleko! Antón siempre tosía escondido en los teatros.

ALEKO

¿Cómo tosía?

*(Olga tose.)*

¿Y la cara?

OLGA

Terrible . . . caminaba así.

ALEKO

¿Y usted qué hacía cuándo él se ponía así?

OLGA

Yo actuaba, ponía cara de alegre. Le decía que se iba a mejorar.

ALEKO

Pero él sabía . . .

OLGA

Aleko, tose.

ALEKO

*(Tose. Como Chejov)* Quiero volver a Moscú, quiero abrazar a mi hermana. No quemen todo, no terminen la revolución. ¡Champaña!

OLGA

No, no te mueras, mejórate.

ALEKO

Bueno, Olga. Se me pasó la fiebre, ya me siento mejor. Quiero volver a Moscú, tengo una idea para otra obra de teatro. Una tragedia que se llame *Neva*.

MASHA

*¿Nieva?*

ALEKO

No, *Neva*. Quiero comer, quiero nadar en el río. Hay tantos libros que no alcancé a leer.

OLGA

Antón, estoy embarazada. No voy a poder actuar en tu tragedia.

ALEKO

Masha, hermana, vas a ser tía.

OLGA

Antón, nos estamos poniendo viejos, que bueno que no hubo revolución.

ALEKO

Y ahora hay tantos doctores. Encontraron la cura para la tuberculosis. Estamos tan felices. Mis obras se hacen como comedias y la gente se ríe. Han pasado tantos años y todavía no me muero. Hay tantos árboles, tantas flores.

OLGA

Antón, me estoy muriendo, me estoy muriendo antes que tú. Es mi corazón, amé demasiado, se me gastó.

ALEKO

El mío también. Me hubiera gustado seguir viviendo, me hubiera gustado tener la barba blanca, larga. No me quiero ir.

OLGA

No te vayas.

ALEKO

Quiero salir a protestar contra el zar, ¿puedo?

OLGA

No, afuera no hay calle. Afuera es la selva negra.

ALEKO

¿Y si estuviéramos en San Petersburgo . . . me dejarías salir a la calle Olga?

OLGA

No, Aleko. Afuera el río esta congelado, los soldados le están disparando a la gente en la calle. Te pueden matar, te puedes resfriar. ¿Te acuerdas cuándo tosías? Delirabas. Decías que algo terrible iba pasar en nuestra patria.

ALEKO

Tienes razón, algo terrible está pasando en nuestra patria. Voy a salir a buscar a los demás actores . . . No puedo . . . No puedo . . . No puedo actuar, Olga . . . Me da vergüenza que me miren. ¿Cómo voy a actuar si nunca he sufrido lo suficiente? A veces me da pena como viven los pobres, pero nunca me han roto el corazón. ¿Cómo voy a actuar si nunca he llorado por amor?

OLGA

¿Y yo? ¿Entiendes lo qué significa ser yo, Olga Knipper? ¿Cómo me voy a volver a enamorar, si se me olvidó como seducir? Además los hombres tienen olores y se rascan. Se duermen, se callan, se cansan. Comen y se les ensucian los bigotes con grasa. Perdóname Antón, por arruinarte la vida, por casarte. ¿Hubieras sido más feliz durmiendo con prostitutas? ¿Hubieras preferido morir de gonorrea, con la vejiga ardiendo, orinando leche con frutilla? ¿Hubieras preferido morir de sífilis y no morir ahogado, loco, babeando, operático, desafinado?

ALEKO

¿Me quiere seducir, Olga?

OLGA

¿Quieres qué te enamore y que después te rompa el corazón?

ALEKO

Sí. Quiero.

MASHA

No, Olga. Alguien va a terminar llorando.

OLGA

Mírame, Aleko. Ámame. Quiero salvarte, te necesito. Estoy esperando un hijo tuyo, estoy esperando perritos tuyos. No tengo nada que ofrecerte, me gusta el sexo servil, me gusta decir obscenidades en alemán y hacer sonidos guturales. Después de copular me quedo dormida, pero me despierto con ganas de cocinar y de limpiar la casa. Me gusta tu olor a cebolla, me gusta verte defecar, te voy a tratar como a un niño, te voy a hacer llorar, te voy a dar mi placenta para que te la comas, te voy amar. Cada cierto tiempo te voy a golpear y te voy a pedir perdón llorando. Voy a hacer escándalos en los estrenos, voy a comer pollo en la cama y voy a engordar, voy a esperar hasta que me humilles para adelgazar y parecer hombre. Te voy a encontrar perfecto, te lo voy a perdonar todo, te voy a querer como si fueras un caballo. Aleko mío, mi nuevo Antosha, mi nuevo Antón. Alexandro mío, ¿me vas amar como yo ya te estoy amando?

ALEKO

Ya te amo, Olga.

MASHA

Olga, va a haber una revolución y va a ser tan linda. La gente va a cantar en las calles y después van a morir. A veces pienso que me habría gustado ser hombre. Me habría gustado tener pelo en la cara. Me habría gustado tomar vodka hasta caerme y pelear en la calle para ver sangrar. Y usar bototos y chaquetas de cuero. Fumar. Bañarme en el río en invierno con los osos polares. Ofender a las mujeres, silbar, tener cicatrices en la cara. Reírme de mis propios chistes. Amar mi propio hedor. Tener tatuajes, haber estado preso, haber sido pateado, no creer en dios, orinar de pie, dormir de día, no tener miedo, haber quemado casas de ricos, haber violado condesas, duquesas, princesas. Haber matado. Haber linchado, haber comido carne humana, haber luchado en la guerra, haber matado niños, haber violado niñas y viejas. Me habría gustado ser hombre. Me sentiría feliz. ¿Así que se aman? ¿Se van a casar? ¿Así van a actuar mejor? La revolución se hizo para gente como ustedes, para poderlos quemar. ¿Cuánto rato se puede hablar de amor? Me dan ganas de vomitar. Sí, Olga. Se murió tu marido y quieres revivir su muerte porque no puedes actuar. ¿A quién le importa? Afuera hay un domingo sangriento, la gente se está muriendo de hambre en la calle y tú quieres hacer una obra de teatro. La historia pasa como un fantasma, va a haber una revolución. ¿Y quién es tan imbécil para encerrarse en una sala de teatro para sufrir por amor y por la muerte? Me da vergüenza ser actriz. Es tan egoísta, es una trampa burguesa, un basurero, un establo de yeguas. Olga, eres una caballa, no, una burra. Aleko, eres una desgracia, reza por mi cuando esta ciudad se queme y reza por mí cuando haya revolución para que yo muera en Siberia. Reza cuando te quemen las iglesias. Actores de mierda. Indolentes, ignorantes, pretenciosos, vacíos, cáscaras de maní, tomates podridos. Aleko, si llegas al cielo mírame arder. ¿Quieren hacer una obra de teatro? ¿Cuántas veces se puede decir te amo y no te amo? Me cansé. ¿Cuántas veces se puede llorar y clamar verdad en el escenario? ¿Y ser más reales y encontrar nuevo símbolos? Suficiente. Ya estamos en el año 1905 y creo que el teatro se acabó. Esto ya no es el siglo diecinueve, ahora el capitalismo tiene máquinas. Me dan asco. Podría partir por quemar este teatro, me gustaría verlo arder y con él la arrogancia, la vanidad. Odio el amor del teatro, sus gestos falsos, su clase, su sorna, sus pretensiones. Me ahoga, Olga. No quiero trabajar pintada, no quiero verme bonita. ¿Quieren hacer algo qué sea de verdad? Salgan a la calle y vean la fuerza simple de la violencia política, el fin del régimen. Es tan lindo matar a un general y reventar a un ministro con una bomba, sale olor a justicia. Los demás actores no van a llegar, los mataron. Detesto tus gestos ensayados tus lágrimas negras, tu risa de gorila, tus pausas de merengue. Gallinero, basurero de ideas muertas. Va a haber una revolución y los que quedemos vivos vamos a ser libres. Vamos a tomar, vamos a ganar guerras, vamos a cantar en los funerales. Pero Olga, Aleko, no me hablen de amor, háblenme de hambre. Funden un hospital, marchen, róbense armas, maten a un soldado, maten a un noble, hagan algo que no de vergüenza ajena, por una vez no hablen con un nudo en la garganta. Oh, mi querido, mi dulce, mi bello teatro. El amor me da risa. El teatro es una mierda. Los actores son una mierda. Me imagino una revolución. El mundo se va a acabar y nunca vamos a ser libres. ¿Para qué perder el tiempo haciendo esto? ¿Cómo puedes pararte sobre el escenario sabiendo qué en la calle, en el mundo, la gente está muriendo? Arte burgués, teatro burgués. Odio al público que viene a sentir, me odio por ser actriz. ¿Por qué hay pobres? Me quiero morir, derroché mi vida por querer ser pavo real y ahora soy una llorona, una amargada. Daría todo por haber muerto hoy, morir como el director, Osip, Sasha, Andrei, la boletera, Yegor y los otros. Me gustaría estar muerta. Pero antes de morir, mientras me desangro, pensaría: ámense, lloren, recen, actúen, ríanse, da lo mismo, todo da lo mismo. Lo que ustedes hablan para mí es un vómito. Y el amor es sexo, y el sexo es nuestra cruz, nuestra miseria. Somos como los perros y ustedes están fornicando como perros sobre el escenario, están hinchados, pegados, hay que echarles agua hirviendo para separarlos. No soporto tu olor a talco ni tus lágrimas dulces. ¿Quieres sufrir sentada, cómoda, como se sufre en el teatro? Siéntate en Persia, en Turquía, en Polonia, en Manchuria y deja que la guerra te aplaste. ¿Quieres llorar? Anda a trabajar en una fábrica como lo hacen los niños y sécate los pulmones con hollín de carbón. Pero no me vengas a decir que en el escenario se sufre. Porque no se sufre. Se sufre en la vida. Odio al público, estos simplones que vienen a entretenerse mientras el mundo se acaba. Vienen a buscar cultura, a suspirar. Les debería dar vergüenza. Les deberían entregar la plata a los pobres. Hay gente muriéndose de hambre, a los niños se les caen los dientes de leche y no les salen más. Actores de mierda, vanidosos, se creen artistas pero son fantasmas, zapallos, muñecas, como ustedes. ¿Quieren teatro? ¿Quieren llorar? Yo les voy a dar escenario y lágrimas. Vamos a morir y nos van a olvidar. El amor se va a acabar. El sol no va a salir nunca más para nadie. Rusia se va a acabar, nos vamos a morir de todo. La vida fue un error enorme. Pero por favor no sigan hablando de amor. Y no hablen de muerte porque no la entienden. Váyanse a sus casas, o trabajen como todo el mundo. Ojalá que el teatro muera con ustedes. En el futuro, cuando el mundo se acabe, sólo va a haber películas y la pantalla nos va a hacer llorar como gallinas, como Olgas Knipper. *No te mueras Antón, no te mueras mi escritor, escríbeme unas últimas palabras.*

FIN

**GUILLERMO CALDERÓN** is a playwright, theater director and screen-writer. He wrote and directed the plays *Neva, Clase, Diciembre, Escuela, Villa, Discurso, Beben* and *Kuss*.

**ANDREA THOME** is a Chilean/Costa Rican–American playwright and translator who grew up navigating the multiple landscapes and languages that inhabit her plays. Besides *Neva*, her theatrical translations include Rodrigo García's *You Should Have Stayed Home, Morons*, David Gaitán's *Paradise By Design*, Ximena Escalante's *Real Andromaca* and Richard Viqueira's *H*. Her plays include *Pinkolandia* (The Lark's Launching New Plays fellowship; national rolling premiere, 2013–2014), *Undone* (New Dramatists' Whitman Award, Kilroys list nomination 2014), the comic farce *Worm Girl* and the music-theater work-in-progress *The Necklace of the Dove* (Mabou Mines Resident Artist, 2013 and 2015). Andrea's work has been produced by The Public Theater, Two River Theater, INTAR, Center Theatre Group, Salvage Vanguard Theater, 16th Street Theater, Cherry Red Productions and others. She is currently writing a new play for The Public Theater/Public Works, and creating a modern-language version of Shakespeare's *Cymbeline* for the Oregon Shakespeare Festival. Andrea has directed The Lark's México/U.S. Playwright Exchange and translation lab since 2006, and co-directs the all-Latina satire collective FULANA (www.fulana.org). Andrea studied at NYU (MFA) and Harvard University, and has taught at NYU, Adelphi University and various colleges nationwide. She is a New Dramatists resident playwright. Fellowships include NYFA, Women's Project Theater Lab, Camargo Foundation/BAU and Blue Mountain Center.

9 781559 364713